Wikimedia Commons

A Primeira Guerra Mundial, ou Grande Guerra, foi travada com a ideia de que terminaria com qualquer conflito futuro. No entanto, apenas marcou o início do período que o historiador britânico Eric Hobsbaw chamou de "Era das Catástrofes" (1914 – 1945). Longe de resolver as diferenças entre as potências industriais, a derrota da Alemanha em 1918 levou o país a lançar o mundo todo numa outra guerra mundial, a qual, por sua vez, mudou os eixos de poder e inaugurou uma guerra de desgaste, a Guerra Fria, que continuou até o final dos anos 1980. Este guia conta a história da Primeira Guerra desde a instabilidade inicial entre as potências europeias até depois do seu final, mostrando o surgimento do fascismo e do nazismo, além de incluir todas as principais batalhas e as armas e tecnologias que inauguraram o conceito de destruição em massa.

Boa leitura!

Claudio Blanc

www.revistaonline.com.br
redacao@editoraonline.com.br

ÍNDICE

Wikimedia Commons

CIP-BRASIL. CATALOGAÇÃO NA PUBLICAÇÃO
SINDICATO NACIONAL DOS EDITORES DE LIVROS, RJ
G971

GUIA CONHECER FANTÁSTICO ESPECIAL : PRIMEIRA GUERRA MUNDIAL . - - 5. ED. SÃO PAULO : ON LINE, 2016. IL.

ISBN 978-85-432-1541-9

1. GUERRA MUNDIAL, 1914-1948. 2 MANUAIS, GUIAS, ETC.

16-36053 CDD: 940.3
CDU: 94(100)'1914/1919'

06/09/2016 12/09/2016

On line EDITORA

PRESIDENTE: Paulo Roberto Houch • **VICE-PRESIDENTE EDITORIAL:** Andrea Calmon (redacao@editoraonline.com.br) • **JORNALISTA RESPONSÁVEL:** Andrea Calmon (MTB 47714) • **COORDENADOR DE ARTE:** Rubens Martim (diagramacao@editoraonline.com.br) • **COLABORARAM NESTA EDIÇÃO:** Claudio Blanc (redação, edição e pesquisa iconográfica) • Beth Nito e Sergio Alberto – Storm Graphics Programação Visual (Arte) • **GERENTE COMERCIAL:** Elaine Houch (elainehouch@editoraonline.com.br) • **SUPERVISOR DE MARKETING:** Vinicius Fernandes • **CANAIS ALTERNATIVOS:** Luiz Carlos Sarra • **DEP. VENDAS:** (11) 3687-0099 (vendaatacado@editoraonline.com.br) • **VENDAS A REVENDEDORES:** (11) 3687-0099/ 7727-8678 (luizcarlos@editoraonline.com.br) • **DIRETORA ADMINISTRATIVA:** Jacy Regina Dalle Lucca • Impresso na **ÍNDIA** • Distribuição no Brasil por DINAP • **GUIA CONHECER FANTÁSTICO ESPECIAL** é uma publicação do IBC Instituto Brasileiro de Cultura Ltda. – Caixa Postal 61085 – CEP 05001-970 – São Paulo – SP – Tel.: (0**11) 3393-7777 • Números atrasados com o IBC ou por intermédio do seu jornaleiro ao preço da última edição acrescido das despesas de envio. Para adquirir com o IBC: www.revistaonline.com.br; Tel.: (0**11) 3512-9477; ou Caixa Postal 61085 – CEP 05001-970 – São Paulo – SP.

AS CAUSAS DA PRIMEIRA GUERRA

As causas da Primeira Guerra Mundial são um dos temas mais estudados da História. Um assunto espinhoso, o qual historiadores e observadores apresentam diferentes interpretações em uma batalha teórica que parece não ter fim

A Primeira Guerra Mundial, o maior e mais sanguinário conflito até então e o início do período que o historiador britânico Eric Hobsbaw chamou de "Era das Catástrofes" (1914 – 1945), tem suas origem bem antes de 1914 e envolve as intrincadas relações entre as potências europeias. Em seu livro *Austria-Hungary and the Origins of the First World War*, Samuel R. Williamson enfatiza o papel do Império austro-húngaro como catalisador da guerra. Contudo, o atentado que assassinou o arquiduque Ferdinando da Áustria foi apenas o estopim que inflamou a atmosfera volátil da Europa no final do século XIX e início do XX.

Ao longo de todo o século XIX, o continente europeu foi marcado por conflitos que desenhavam a nova distribuição do poder. Movimentos políticos e sociais que foram deflagrados pela Revolução Francesa e que, numa corrente de eventos, só se estabilizariam, crise após crise, depois da Segunda Guerra Mundial.

Originária da Suíça, a dinastia Habsburgo estava no trono austríaco desde 1279, onde havia se mantido habilmente por meio de alianças que incluíam uniões matrimoniais com as famílias mais poderosas da Europa. No século XIX, os Habsburgo tinham feito da Áustria o segundo maior Estado europeu, menor apenas que a Rússia.

A partir de 1848, porém, as coisas começaram a mudar. Nesse ano, no qual Karl Marx e Friedich Engels publicaram o Manifesto Comunista, revoluções contra o regime monárquico se ergueram por todo o continente. O Império austríaco também foi contagiado e afetado. Para tentar acalmar os ânimos, Klemens Metternich, ministro das Relações Exteriores e depois chanceler dos Habsburgo, peça chave na manutenção do equilíbrio do poder em toda a Europa e da supremacia austríaca na Itália, foi afastado. Repressor do liberalismo, viu-se obrigado a fugir para a Inglaterra enquanto o imperador continuou a combater os rebeldes até 1851.

Wikimedia Commons

O arquiduque Ferdinando da Áustria foi apenas o estopim que inflamou a atmosfera volátil da Europa no final do século XIX e início do século XX

REDE DE ALIANÇAS

A partir de 1870, o conflito na Europa foi evitado por meio de uma rede de alianças cuidadosamente planejada entre o Império alemão (Primeiro Reich) e as outras potências europeias, orquestradas por Otto Von Bismarck, chanceler alemão, considerado o estadista mais importante da Alemanha no século XIX. Seus esforços foram dirigidos especialmente no sentido de manter a Rússia ao lado da Alemanha, a fim de evitar uma guerra em duas frentes, com a França e o Império russo. Quando Wilhelm II subiu ao trono alemão, ele descontinuou a política de Bismarck, recusando-se a renovar tratados, como o Tratado de Resseguro com a Rússia, em 1870, e as alianças foram gradualmente enfraquecendo. Em 1892, a França e a Rússia assinaram uma aliança e em 1904 o Reino Unido selou aliança com a França, o Entente Cordiale, e, em 1907 com a Rússia, a Convenção Anglo-Russa. Esse sistema de acordos bilaterais formou, por sua vez, a Tríplice Entente, a união militar entre esses três países, que veio a ser apoiada por Portugal, Espanha, Estados Unidos, Canadá, Japão e Brasil.
Com efeito, a Crise da Bósnia armou a bomba. Em 1912, por conta da incapacidade de apoiar militarmente a Sérvia durante a Primeira Guerra dos Bálcãs (1908) – e também para acompanhar a corrida armamentista entre Inglaterra, França e Alemanha iniciada no final do século XIX –, a Rússia anunciou que iria reformar seu exército. Imediatamente após o anúncio, o secretário do Exterior alemão, Gottlieb von Jagow declarou no parlamento que "se Áustria for forçada, por qualquer motivo, a defender sua posição de potência, devemos apoiá-la". Os líderes do exército alemão passaram a pressionar o kaiser para mover uma "guerra preventiva" contra a Rússia.

Em 1856 e 57, Francisco José e sua esposa Elizabete, apelidada Sissi, visitaram a Lombardia, Veneza e Hungria (que faziam parte do Império austríaco) em "viagens de reconciliação". Influenciado por Sissi, Francisco concedeu uma ampla anistia aos nobres revoltosos. Isto fez com que ela se tornasse muito popular entre seus súditos. No ano seguinte, no entanto, o Império perdeu a Lombardia. Foi a primeira de uma sucessão de derrotas.

Em 1866, a Alemanha, em processo de unificação e com apoio da Itália, venceu a Áustria na Guerra Austro-Prussiana, acabando com o domínio austríaco sobre a Confederação Germânica, uma aliança para defesa mútua entre 39 Estados alemães, formada em 1815, que possibilitou a fundação do primeiro Reich. Entre as perdas, Veneza. No ano seguinte, cedendo às pressões (e influenciado pela esposa), Francisco José elevou a Hungria à condição de reino, criando o Império austro-húngaro.

Enquanto Francisco José se desdobrava para manter a importante posição da Áustria, a pompa da corte, os belos edifícios de Viena, a valsa e o brilho popular de Sissi iluminavam a fachada de um Império que ruía frente às movimentações que abalavam a Europa Central.

No início do século XX, o Império austro-húngaro estava seriamente ameaçado de se desfazer. Em 1908, a Bósnia-Herzegovina foi anexada ao Império. Aquilo que parecia ser uma vitória, apenas incitou os ânimos de uma emergente potência militar, a Sérvia, que também queria se apossar desse território. O evento deixou no ar a tensão que precipitou a Primeira Guerra Mundial. Seguindo o tradicional papel de protetor da Bósnia-Herzegovina, o czar russo se opôs veementemente à anexação. Contudo, a Rússia não tinha poder militar para apoiar a Sérvia e não lutou contra a Áustria.

As animosidades entre a maior potência da Europa Central e o maior Império da Europa Oriental acabaram por acirrar os ânimos das potências da Europa Ocidental: Reino Unido, França e Alemanha. Unidos por alianças políticas e divididos pela competição comercial, que exigia dominar e colonizar países produtores de matérias-primas vitais para seus processos industriais, essas nações logo se posicionaram. Num tempo em que o nacionalismo exacerbado era o leme que guiava as ações políticas em toda a Europa, o tabuleiro para o jogo da guerra havia sido montado. De um lado, Reino Unido, França, Itália e Rússia. Do outro, os Poderes Centrais, Alemanha, Império austro-húngaro e Turquia.

Na verdade, segundo, David Fromkin, autor de *Europe's Last Summer: Who Started the Great War in 1914?*, o secretário do Exterior britânico, sir Edward Grey avisou o príncipe Karl Lichnowski, o embaixador alemão em Londres, que se a Alemanha oferecesse um "cheque em branco" para fazer uma guerra nos Bálcãs, "as consequências seriam incalculáveis". Ele insinuava que, se a Alemanha atacasse a França, por conta da questão territorial da Alsácia-Lorena, a Inglaterra interviria a favor da França. Grey não poderia estar mais certo. As consequências da Primeira Guerra Mundial viriam a ser as piores até então conhecidas pela humanidade.

Segundo o historiador Samuel R. Williamson, o governo imperial austro-húngaro estava convencido de que as ambições russas nos Bálcãs estavam desintegrando o império e acreditavam que uma guerra contra a Sérvia, com apoio da forte Alemanha, neutralizaria tanto a Rússia como a Sérvia. Os turcos também desejavam vencer os russos, os quais ameaçavam seus interesses regionais e se aliaram à Áustria. Não contavam, como também não contavam os alemães, que os britânicos e os franceses interviriam, precipitando todo o continente e também outras regiões do globo numa guerra mundial.

Outros fatores contribuíram para deflagrar o conflito mundial. O historiador britânico especialista em Primeira Guerra Mundial David Stevenson aponta para a corrida armamentícia como a sua maior causa. "A corrida armamentícia era uma pré-condição necessária para o início das hostilidades", escreveu Stevenson.

ALINHAMENTOS DIPLOMÁTICOS EUROPEUS POUCO ANTES DA GUERRA

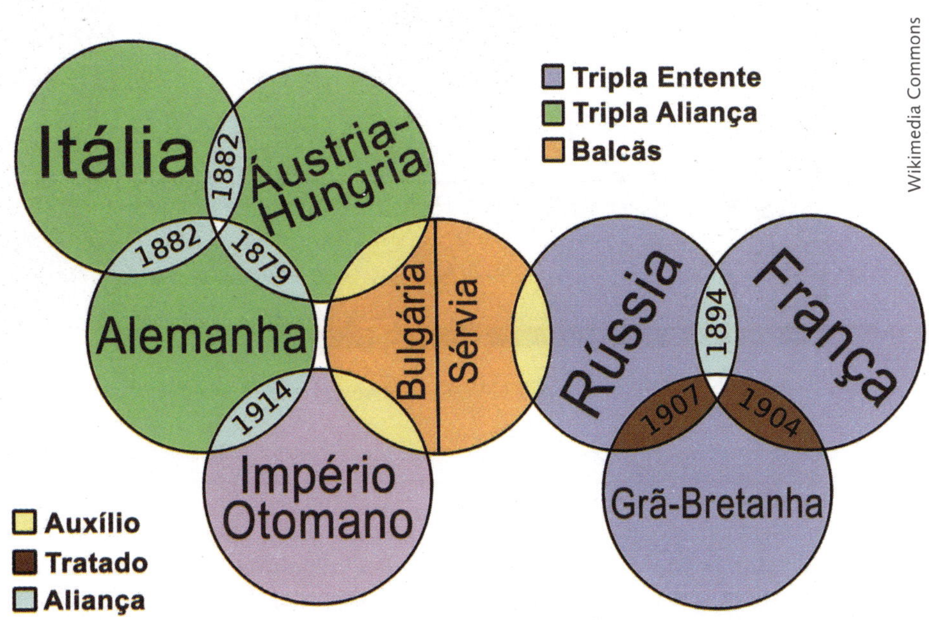

Wikimedia Commons

Wikimedia Commons

Cidadãos de Sarajevo leem a proclamação da anexação do país ao Império austro-húngaro, em 1908

Outro historiador, David Hermann vai além e afirma que "a corrida armamentícia realmente precipitou a Primeira Guerra". Outros estudiosos sustentam que o crescimento do poderio naval alemão foi o fator que azedou o relacionamento entre o Reino Unido e a Alemanha.

Era esse o estado de coisas - relações inflamáveis (e inflamadas) entre as potências europeias. A atmosfera estava tão saturada que bastava riscar um fósforo para o conflito explodir. E o fósforo foi riscado na forma de um assassinato.

Em meados de 1914, o arquiduque da Áustria Francisco Ferdinando, sobrinho do imperador e herdeiro do

Embora a série de eventos iniciados pelo assassinato de Francisco Ferdinando, as causas da Primeira Guerra Mundial são diversas e envolvem políticas nacionais e econômicas, conflitos territoriais, étnicos e culturais e uma complexa teia de alianças que vinha se desenvolvendo entre as potências europeias desde 1870

Wikimedia Commons

Caricatura de 1909 da revista Puck mostra os Estados Unidos, Alemanha, Grã-Bretanha, França e Japão envolvidos numa corrida naval representada como um jogo de apostas "sem limite": a corrida armamentícia foi outro fator que levou ao conflito

AS CAUSAS DA GUERRA

- Crescimento do nacionalismo em toda Europa
- Problemas territoriais
- Intrincado sistema de alianças
- Mudança no equilíbrio de poder entre as potências europeias
- Governos fragmentados
- Atrasos e enganos nas comunicações diplomáticas
- Corrida armamentícia iniciada nas décadas anteriores
- Competição por colônias ricas em matérias primas
- Concorrência militar, econômica, industrial e comercial
- A necessidade, principalmente para a França, a Alemanha e a Áustria, de superar a estagnação interna por meio de conquistas externas.

trono, foi a Sarajevo, capital da Bósnia-Herzegovina, tentar acalmar os ânimos dos súditos sobre a ferida aberta em 1908: a questão Sérvia. A Sérvia, independente desde o início do século XIX, se esforçava para unificar os territórios eslavos ao Sul de sua fronteira: Macedônia, Montenegro e Bósnia-Herzegovina. Nessa tentativa, bateu de frente com os interesses austro-húngaros, cuja política expansionista, o "Drang nach Osten" (a "Marcha para Oeste"), visava estender o Império e chegar até o porto de Tessalônica, na Grécia.

Francisco Ferdinando fez visitas, promessas e acabou assassinado por Gavrilo Princip, um radical sérvio, em 28 de junho de 1914. O imperador Francisco José, na época com 84 anos, fez duras exigências à Sérvia, que recusou parte delas. Motivado pelo suporte recebido e para evitar uma guerra civil que fragmentaria o Império, no final de julho de 1914 a Áustria-Hungria declarou guerra à Sérvia. As outras potências europeias se lançaram no conflito e logo todo o continente virou palco de operações militares.

A FRENTE OCIDENTAL

A Primeira Guerra Mundial foi um dos maiores conflitos protagonizados pela humanidade – uma guerra na qual praticamente todas as grandes potências foram envolvidas, empreendida com armas com elevado poder de destruição. O drama humano vivido nas trincheiras, sob o fogo cerrado, ou as corridas pela "terra de ninguém" – o espaço vago entre as trincheiras –, onde os soldados avançavam sob intenso bombardeio, sendo varridos por metralhadoras, acabou por modificar o comportamento não só da geração que viveu essa guerra, mas também das seguintes, fazendo com que o século XX fosse uma era de mudanças de atitude e nas convenções sociais sem precedentes

Ataque francês, usando baioneta (c. 1914)

Wikimedia Commons

No começo das hostilidades, os Poderes Centrais (a Alemanha, a Áustria e a Turquia) tiveram problemas de comunicação, o que prejudicou suas operações iniciais. A Alemanha deveria apoiar o Império austro-húngaro numa invasão à Sérvia, mas a maneira como isso seria feita não foi planejada. De acordo com o recente trabalho do historiador Hew Strachan, *The First World War*, considerado uma das melhores sínteses sobre o conflito, os oficiais austríacos haviam entendido que o exército do kaiser iria cobrir o flanco norte, neutralizando os russos. No entanto, os generais alemães entenderam que a Áustria-Hungria deveria conter os russos, enquanto o exército do kaiser cuidava da França. Essa confusão inicial levou o exército da Áustria-Hungria a se dividir em duas frentes: uma contra a Rússia, outra contra a Sérvia.

Os austríacos tentaram invadir a Sérvia, enfrentando o exército sérvio na Batalha de Cer (travada entre 16 e 19 de agosto de 1914) – a primeira derrota dos Poderes Centrais. As forças austro-húngaras foram, em seguida, derrotadas na Batalha de Kolubara (3 a 9 de dezembro de 1914).

Enquanto os austríacos eram deixados para enfrentar os russos, o exército alemão abriu o front ocidental, invadindo Luxemburgo, que não

Wikimedia Commons

Tropas belgas com metralhadoras puxadas por cães

ofereceu resistência. Em seguida, a Alemanha planejava atacar a França invadindo a Bélgica, que era neutra. Os alemães trataram a população civil da Bélgica com tanta barbárie que o episódio ficou conhecido como o Estupro da Bélgica. A partir da Bélgica, o exército do kaiser entrou na França, chegando até os arredores de Paris, onde passou a controlar importantes regiões industriais daquele país.

A INVASÃO DA BÉLGICA

Nos primeiros dias de guerra, os alemães surpreenderam invadindo a Bélgica, que tinha sua neutralidade assegurada pelo Tratado de Londres, de 1839 – assinado pelas potências europeias que reconheciam e garantiam a independência e neutralidade da Bélgica.

Mas a violação do tratado de neutralidade não foi a pior coisa que os homens do kaiser protagonizaram. A maneira como os alemães trataram os civis belgas foi logo apelidada de "estupro da Bélgica".

Em algumas cidades, a violência contra os civis escalou. Temendo guerrilheiros belgas, os alemães incendiaram casas e executaram milhares de civis – inclusive mulheres e crianças. De fato, assim como o assassinato de civis e o saque, o estupro era uma realidade a que as mulheres belgas foram submetidas repetidas vezes durante a invasão alemã de 1914-1918.

Embora a propaganda aliada – principalmente a britânica – tenha exagerado propositalmente os acontecimentos, o fato é que os germânicos trataram a população civil com extrema barbárie.

Com efeito, os invasores consideravam qualquer resistência, como a sabotagem de ferrovias, uma ameaça que deveria ser eliminada a todo custo. Isso incluía incendiar aldeias inteiras e fuzilar civis como forma de retaliar. Por conta disso, nos primeiros meses da guerra, o exército do kaiser executou mais de 6,5 mil civis franceses e belgas. Segundo John Horne e Alan Kramer, autores do estudo *German Atrocities, 1914: A History of Denial*, os invasores alemães destruíram entre quinze mil e vinte mil prédios, impelindo uma massa de mais de um milhão de refugiados a buscar asilo em outros países. Milhares de operários foram escravizados. Presos, eram embarcados com destino à Alemanha, onde trabalhavam nas fábricas do inimigo.

A propaganda britânica contra-atacou criando o termo "Estupro da Bélgica" para descrever o que os germânicos estavam fazendo no país neutro. A diplomacia teutônica respondia enfatizando que as medidas eram necessárias para impedir a formação de guerrilhas. A briga na imprensa impressionou a opinião pública americana. Diante da barbárie, os Estados Unidos começaram a pender para o lado dos Aliados.

Em algumas cidades belgas, como Liège, Andenne, Lovaina e, principalmente, Dinant, as atrocidades contra os civis foram premeditadas. Em

Wikimedia Commons

Tropas belgas defendem um subúrbio Herstal, nas proximidades de Liège

seu livro *Dynamic of destruction: culture and mass killing in the First World War*, o historiador na Universidade de Oxford Alan Kramer informa que, centro e no leste do pequeno país, os alemães executaram cerca de 1,5 mil civis indiscriminadamente, inclusive mulheres e crianças.

Em 25 de agosto de 1914, o exército germânico invadiu a cidade de Leuven e visou um alvo que não era nem militar nem estratégico: a cultura. A Biblioteca da Universidade da cidade foi incendiada, perdendo cerca de 300 mil livros e manuscritos medievais e renascentistas. Cerca de 250 residentes, entre alunos e professores, foram friamente assassinados. Mais de duas mil casas de Leuven também foram incendiadas e os civis encontrados nos edifícios e ruas eram mortos sem qualquer motivo – apesar de os alemães justificarem a barbaridade afirmando que temiam franco-atiradores. Alimentos, matérias-primas e equipamentos industriais foram saqueados e enviados à Alemanha.

Em Brabant, os alemães fizeram as freiras de um convento local ficarem nuas, humilhando-as da pior forma que essas mulheres entendiam. Na maioria das cidades, o estupro se tornou generalizado.

Na época do Terceiro Reich, os atos hediondos praticados durante a invasão da Bélgica şerviram de exemplo a ser lembrado e adotado. O historiador da Universidade e Leuven Jeff Lipkes lembra que Adolf Hitler, o qual lutou na Primeira Guerra como cabo mensageiro, defendia essa política violenta. "O antigo Reich sabia realmente como tratar com firmeza as populações das cidades ocupadas", afirmou Hitler referindo-se à invasão da França e da Bélgica. "O conde von der Goltz punia atos de sabotagem incendiando todas as aldeias num raio de vários quilômetros e, em seguida, fuzilava todos os prefeitos, prendia os homens e evacuava as mulheres e crianças".

Com efeito, o rigor do exército alemão nos territórios conquistados,

> Na Bélgica, o conde Von der Goltz punia as tentativas de sabotagem às ferrovias incendiando todas as aldeias vizinhas

principalmente na Bélgica, inspirou a geração seguinte de soldados alemães, comandados por um veterano da Primeira Guerra, o cabo Hitler.

A propaganda de guerra aliada tirou partido dos maus tratos – por vezes, exagerando-os de forma caricatural – da invasão. Apesar da violência real, as histórias que circulavam eram inacreditáveis e não comprovadas – coisas como mulheres

Wikimedia Commons

Tropas francesas na Batalha do Marne

tendo os seios retalhados e bebês de colo sendo perfurados por baionetas. A propaganda britânica usou o Estupro da Bélgica para vender bônus de guerra. Um argumento do tipo, "colabore, ou isso poderá acontecer com sua família".

MARNE

Embora a invasão da Bélgica tenha sido bem-sucedida – afinal, o país não esperava ser invadido devido à sua neutralidade – o avanço alemão foi barrado na Primeira Batalha do Marne, travada entre 5 e 12 de setembro de 1914, com a vitória dos aliados. O contra-ataque aliado foi executado por seis exércitos de campanha franceses e um britânico ao longo do rio Marne, forçando os alemães a se retirar em direção ao norte.

Depois da Primeira Batalha do Marne, nem os alemães nem os aliados conseguiam avançar. Tentaram, por isso, flanquear continuamente um ao outro ao longo de todo o Nordeste da França, num movimento que passou para a História como a Corrida para o Mar. Sem sucesso em romper as linhas uns dos outros, estabeleceu-se uma guerra de trincheiras entre os aliados (britânicos e franceses) e os alemães que perdurou até o final do conflito. As trincheiras formaram uma linha de frente contínua de mais de três mil quilômetros de extensão – do Mar do Norte até a fronteira da França com a Suíça.

Durante a ocupação da Bélgica na Primeira Guerra, os homens do kaiser assassinaram seis mil civis e destruíram vinte e cinco mil casas e prédios em 837 comunidades. Como resultado, um milhão e meio de belgas – cerca de 20% da população do país – deixaram sua nação

A CORRIDA PARA O MAR

A Corrida para o Mar começou em setembro de 1914, em Champagne, marcando o final do avanço alemão na França e terminou no Mar do Norte em novembro do mesmo ano. Na Batalha de Aisne, porém, os alemães se detiveram e, por sua vez, impediram o avanço dos aliados. Nas batalhas de Picardy, Artois e Flanders, que se seguiram, nenhum dos beligerantes conseguiu vantagem. Com as contínuas manobras executadas pelos dois lados para romper a linha inimiga, os exércitos foram se alinhando

Wikimedia Commons

Britânicos mortos em batalha

em trincheiras ao longo do Nordeste francês até atingir a costa.

Entre 1915 e 1917, houve importantes ofensivas no front ocidental. Em 1916, Os generais alemães acreditavam que não era possível mais romper as linhas aliadas e buscaram forçar a capitulação da França infligindo pesadas baixas. De acordo com o historiador MacGregor Knox, a meta era, conforme os alemães, "sangrar a França" até a última gota.

Os ataques lançavam mão de bombardeio contínuo, feito por artilharia pesada, seguido de avanços em massa da infantaria. Contudo, essa estratégia resultava em muitas mortes. Ninhos de metralhadora, arame farpado e a artilharia cobravam um preço alto dos atacantes. As ofensivas mais encarniçadas contabilizaram perdas impressionantes. A Batalha de Verdun, travada entre franceses e alemães de 21 de fevereiro a 18 de dezembro de 1916, somou 700 mil mortes. A Batalha de Somme, entre 1 de julho e 18 de novembro de 1916, uma ofensiva conjunta dos britânicos (apoiados por contingentes de canadenses, neozelandeses e australianos, indianos e sul-africanos) e franceses, teve mais de um milhão de mortos; e a campanha de Passchendaele, empreendida entre junho e novembro de 1917, contou cerca de seiscentas mil baixas. Nesse cenário, nenhum avanço significativo era realizado por ambas as partes.

Na tentativa de romper esse empate mantido à custa de muito sangue, novas armas e tecnologias foram introduzidas. Entre as novas máquinas de destruição estavam tanques de guerra, aviões de combate e armas químicas, como o gás mostarda. A segunda Batalha de Ypres, travada pelo controle da estratégica cidade de Ypres, na Bélgica na primavera de 1915, foi marcada pelo uso em massa de armas químicas. Era a segunda vez na História que esse tipo de armamento era usado (a primeira vez foi na Batalha de Bolimow, na Polônia). Em 22 de abril depois de um bombardeio contínuo ao longo de dois dias seguidos, os alemães liberaram 168 toneladas de gás de cloro no campo de batalha. Sendo mais pesado que o ar, foi levado pelo vento através da "terra de ninguém" e entrou nas trincheiras britânicas. A nuvem de gás verde amarelado asfixiou alguns soldados e os que estavam na retaguarda fugiram em pânico, deixando uma abertura de seis quilômetros na linha de defesa dos aliados. Os alemães foram surpreendidos pelo efeito da arma e, sem tropas reservas, não puderam explorar a abertura. Contingentes canadenses entraram em cena e bateram os alemães. Foi a primeira vez que um exército colonial vencia uma potência europeia em solo europeu.

Entretanto, o que deu mais mobilidade a essa frente estagnada não foram as novas armas, mas sim táticas inovadoras.

Tanque alemão A7V em Roye, em 21 de Março de 1918, primeiro dia da Ofensiva de Primavera

Em 1918, com a saída da Rússia do conflito, marcando o fim da guerra no Leste, os alemães puderam empregar na frente ocidental as forças liberadas no front oriental. Por conta disso, lançaram a Ofensiva da Primavera. Usando novas táticas de infiltração, os alemães avançaram cerca de cem quilômetros a oeste – o maior avanço realizado por qualquer exército na frente ocidental. A Ofensiva da Primavera quase teve sucesso em romper as linhas dos aliados.

Os aliados receberam um reforço decisivo, com a entrada dos Estados Unidos na Guerra. O país enviou 2,1 milhões de soldados, o que permitiu novas ofensivas: a Segunda Batalha de Marne e na Ofensiva dos Cem Dias. A ação contou com seiscentos tanques de guerra e o apoio de oitocentos aviões. As ofensivas resultaram no colapso das forças germânicas, já esgotadas após quatro anos de luta.

Apesar da estagnação em que permaneceu ao longo de todo o conflito, a frente ocidental foi decisiva. Com ajuda dos Estados Unidos, o avanço inexorável dos aliados em 1918 convenceu os líderes militares alemães de que a derrota era inevitável. A constatação levou os alemães a buscar o armistício.

Wikimedia Commons

A CAMPANHA NOS BÁLCÃS

A invasão da Sérvia pelo Império austro-húngaro foi o fator que precipitou a Primeira Guerra Mundial – o estopim do conflito, lançando a Rússia em defesa de seu aliado e precipitando a Alemanha na luta em apoio à Áustria

A Áustria e a Rússia eram potências atrasadas, que ainda não haviam se industrializado plenamente. Dessa forma, não estavam tão preparadas, como a Grã-Bretanha, França e Alemanha, para lutar uma guerra industrial. A Áustria-Hungria precisava do apoio alemão, mas o apoio do kaiser se deu ao segurar os franceses e britânicos, impedindo-os de intervir nas ações da Áustria, deixando que esta enfrentasse as frentes oriental e sul sozinha. Isto significava enfrentar a Sérvia e a Rússia e, na frente sul, a Itália.

Tendo de combater a Rússia, a Áustria-Hungria só pode empregar um terço do seu contingente militar para atacar a Sérvia. As províncias austro-húngaras da Eslovênia, Croácia e Bósnia forneceram homens para o exército imperial e ajudaram na invasão da Sérvia e na luta contra os italianos e russos.

Depois de sofrer pesadas baixas na Batalha de Cer, logo no início da invasão, os austríacos ocuparam brevemente Belgrado, a capital sérvia. Essa primeira fase da campanha foi

Tropas austro-húngaras enviadas para a Sérvia através de Sarajevo

Wikimedia Commons

rápida, levando pouco mais de um mês para os austro-húngaros conquistarem o país. Contavam com o apoio da Bulgária, que havia enviado seiscentos mil homens. Contudo, os sérvios contra-atacaram na Batalha de Kolubara, vencendo os austríacos no final de 1914.

A BATALHA DE CER

A Batalha de Cer, por vezes chamada de Batalha do Rio Jadar, foi travada logo no início das hostilidades, em agosto de 1914, quando a Áustria-Hungria invadiu a Sérvia. O palco do conflito foram as vilas e aldeias próximas ao Monte Cer, a cem quilômetros de Belgrado.

A batalha começou na noite de 15 de agosto, quando membros da 1ª Divisão Combinada sérvia atacou postos avançados austro-húngaros, que haviam sido estabelecidos nos pés do Monte Cer, em preparação à invasão. O ataque acabou se tornando uma batalha pelas aldeias ao redor da montanha, especialmente pela cidade de Sabac. Nos céus do Monte Cer foi travada a primeira batalha aérea da guerra – e também a primeira da História. O encontro foi um tanto prosaico. Um aviador sérvio, um certo Miodrag Tomic, fazia reconhecimento aéreo sobre as posições inimigas, quando cruzou um avião austro-húngaro. O piloto acenou e Tomic respondeu a saudação. Contudo, o piloto austro-húngaro sacou seu revolver e começo a dispar contra o sérvio. Tomic conseguiu escapar. O episódio, porém, levou a uma inovação: em poucas semanas todos os aviões, tanto dos aliados como dos Poderes Centrais, foram equipados com metralhadoras, inicialmente acima das asas.

Wikimedia Commons

O Real Regimento de infantaria Albrecht von Württemberg Nr. 73 (alemão), na Batalha de Kolubara

> Após a derrota em Cer, os austro-húngaros voltaram a atacar, nas margens do Rio Drina, forçando os sérvios a ceder território

Os sérvios defenderam seu território com tenacidade. A moral das tropas invasoras caiu. No dia 19 de agosto, os austro-húngaros bateram em retirada, tentando retornar à sua zona de controle. Contudo, muitos morreram na fuga, especialmente na tentativa de cruzar o rio Drina, onde centenas de soldados se afogaram.

Em 24 de agosto, os sérvios tomaram Sabac, concluindo a batalha depois de dez dias de luta. Os defensores tiveram entre três e cinco mil mortos e cerca de quinze mil feridos. Quanto aos austro-húngaros, o número foi maior: entre seis e dez mil baixas, trinta mil feridos e 4,5 mil capturados. Cer marcou a primeira vitória dos aliados sobre os Poderes Centrais.

A BATALHA NO RIO KOLUBARA

No final de 1914, os sérvios conquistaram outra importante vitória. A Batalha de Kolubara foi uma das mais significativas para os aliados, pois as forças sérvias conseguiram expulsar os austro-húngaros de seu território. O confronto aconteceu depois da Batalha do Rio Drina, travada em setembro de 1914. Após a derrota em Cer, os austro-húngaros voltaram a atacar, nas margens do Rio Drina, forçando os sérvios a ceder território. Os sérvios reagruparam-se na margem direita do Rio Kolubara. Eram 250 mil soldados mal equipados enfrentando 450 mil austro-húngaros bem equipados e bem abastecidos.

Em 16 de novembro, o comandante dos 5º e 6º Exércitos Austro-Húngaros, General Oskar Potiorek (1853 – 1933), governador da Bósnia e Herzegovina e que estava no carro com o arquiduque Francisco Ferndinando quando ele foi assassinado, ordenou um ataque, a partir da margem oposta do Kolubara, para capturar uma linha ferroviária que permitiria abastecer suas tropas mais rapidamente. Suas manobras rechaçaram os 1º e 2º Exércitos sérvios, colocando-os numa situação difícil.

O comandante do 1º Exército Sérvio, General Zivojin Misic (1855 -1921), o mais brilhante militar sérvio, que participara de todas as guerras empreendidas pelo país entre 1876 e 1918, planejou retirar-se até a cidade de Gornji Milanovac, na Sérvia Central, onde pretendia adiar a batalha até seus homens estarem refeitos e reabastecidos. Então, lançaria uma contraofensiva. Para tanto, a capital da Sérvia, Belgrado, teve de ser abandonada ao inimigo.

Potioreke entendeu a manobra dos sérvios como um sinal de fraqueza e lançou um ataque com todo o seu 5º Exército com a intenção destruir o 2º Exército Sérvio, enquanto estes deixavam Belgrado. O 1º Exército de Misic, porém, veio em socorro das forças sérvias, aniquilando as exauridas tropas austro-húngaras. A partir de 5 de dezembro, os sérvios foram reconquistando as posições tomadas pelo invasor. Potiorek ordenou a retirada. Belgrado foi abandonada pelos austro-húngaros em 15 de dezembro.

Os sérvios capturaram 76 mil soldados inimigos e causaram um número ainda maior de baixas. Além disso, na retirada, o exército invasor abandonou grande quantidade de armas e equipamentos. Nas batalhas daquele ano de 1914, os austro-húngaros perderam um total de 224,5 mil homens (de 450 mil envolvidos nos conflitos), enquanto o exército sérvio perdeu 170 mil.

Wikimedia Commons

Soldados sérvios atravessam o rio Kolubara

As vitórias sérvias marcaram as primeiras dificuldades para os Poderes Centrais. A Áustria-Hungria contava invadir rapidamente a Sérvia para poder destinar mais recursos bélicos para a frente russa. Contudo, tento de dividir suas forças, a Áustria-Hungria se enfraqueceu logo no início das hostilidades. De fato, segundo a enciclopédia *The European Powers in the First World War*, organizada por Spencer Tucker, por ter dividido os austríacos, a vitória dos sérvios no começo do conflito foi uma das mais importantes não só de toda a Primeira Guerra, mas de todo o século XX.

Nos anos seguintes, porém, os sérvios amargaram perdas. O exército sérvio combatia em duas frentes, enfrentando a derrota certa. Por conta disso, os sérvios se retiraram para o Norte da Albânia, a qual haviam invadido no começo da guerra. O exército da Sérvia foi derrotado na Batalha de Kosovo. As forças de Montenegro, aliadas da Sérvia, cobriram a retirada das tropas derrotadas em direção à costa adriática na Batalha de Mojkovsc, em 6 e 7 de janeiro de 1916. Os sérvios foram reduzidos a um contingente de apenas setenta mil homens, os quais foram evacuados de navio para a Grécia.

Depois da conquista, a Sérvia foi dividida entre a Áustria-Hungria e a Bulgária. Em 1917, os sérvios lançaram a Rebelião de Toplica e libertaram por um breve período uma área entre as montanhas Kopaonik, na parte central do país, e outra no rio Morava. O esforço foi, porém, esmagado pelas ações conjuntas de forças austríacas e búlgaras no final de março de 1917.

Wikimedia Commons

Retirada do exército sérvio em direção à Albânia, durante a Ofensiva de Monastir

O FRONT MACEDÔNICO

Para ajudar os sérvios na sua luta contra os Poderes Centrais, os aliados lançaram, no outono de 1915, um ataque combinado contra a Alemanha, Áustria-Hungria e Bulgária, abrindo a frente macedônica, ou frente salônica.

A frente macedônica foi, no começo da guerra, mais estática. Forças francesas e sérvias promoveram a Ofensiva de Monastir, que se prolongou por três meses. A intenção da ofensiva era a de forçar a capitulação da Bulgária da Romênia. Os aliados acabaram penetrando cinquenta quilômetros no território macedônico e pararam ao tomar a cidade de Monastir (hoje, Bitola), um centro administrativo, industrial, comercial e cultural do Sudoeste do país, e retomaram algumas áreas da Macedônia. Embora em termos territoriais a conquista não fosse expressiva, a ofensiva teve resultado significativo.

Apesar de a ajuda aliada ter chegado tarde demais para salvar a Sérvia, tiveram sucesso em estabelecer uma frente que se estendia pela costa adriática da Albânia até o rio Struma, já em território búlgaro, de onde uma força aliada multinacional pôde combater a Liga dos Poderes Centrais.

Finalmente, com o esgotamento dos recursos materiais e humanos da Alemanha e da Áustria-Hungria, os aliados lançaram uma grande ofensiva em setembro de 1918 que resultou na capitulação da Bulgária e na libertação da Sérvia.

Tropas francesas e sérvias infligiram aos búlgaros sua única derrota na Primeira Guerra em 15 de setembro de 1918, na Batalha de Dobro Pole, na Macedônia que estava ocupada pelos búlgaros desde 1915.

A Bulgária, porém, não se rendeu. Poucos dias depois da derrota em Dobro Pole, suas forças derrotaram tropas britânicas e gregas na Batalha de Doiran, travada entre 18 e 19 de setembro de 1918. Apesar de os búlgaros conseguirem repelir todos os ataques dos gregos e britânicos ao seu Primeiro Exército, nas proximidades do lago Doiran, impendido os aliados, mesmo que momentaneamente, de ocupar seu país, tiveram de abandonar a posição.

No lance seguinte da campanha, os sérvios acabaram rompendo as linhas búlgaras, obrigando a Bulgária a capitular, o que aconteceu em 29 de setembro de 1918.

Era o fim do front macedônico. De acordo com o site russo Militera, a rendição da Bulgária significava que os Poderes Centrais contavam agora com menos 278 batalhões de infantaria e menos 1,5 mil canhões. A estrada de Viena para Berlim estava sendo aberta. Os Poderes Centrais começavam a cair.

A FRENTE DO ORIENTE MÉDIO

A Primeira Guerra Mundial arrastou para o conflito um dos maiores Impérios da época, o Otomano, que reinava desde 1299 d.C., um dos mais duradouros da História. O Estado Eterno, conforme se autoproclamava, foi, nos séculos XVI e XVII, um dos Impérios mais poderosos do mundo, estendendo-se dos arredores de Viena, na Áustria, ao norte, até o Iêmen e a Eriteia, ao sul, e da Argélia, a leste, até o Arzeibaijão, a oeste. Contudo, depois do conflito, o Império ruiu

Em agosto de 1914, o governo turco assinou um tratado secreto com a Alemanha, firmando a Aliança Teuto-Otomana. O tratado ameaçava os territórios caucasianos da Rússia e a comunicação da Grã-Bretanha com sua principal colônia, a Índia, fechando a rota via Canal de Suez.

Nos bastidores, a França e a Rússia moveram esforços diplomáticos para manter o Império otomano fora da guerra. A Alemanha, por outro

Wikimedia Commons

Tropas anglo-indianas entram Bagdá em março 1917

lado, fez o contrário. Foi, de fato, um incidente provocado pelos alemães que fez os otomanos entrarem no conflito ao seu lado.

Em 1914, dois navios germânicos, o Goeben e o Breslau, estavam sendo perseguidos pela marinha britânica no Mediterrâneo e conseguiram escapar do cerco, passando pelo Estreito de Dardanelos e indo se refugiar na Turquia. Os britânicos não puderam continuar a perseguição e as tensões entre Londres e Constantinopla aumentaram a ponto de os otomanos declararem guerra contra as Potências Aliadas.

A frente na qual o Império otomano se envolveu foi a do Oriente Médio, onde enfrentou principalmente os russos e os britânicos.

Os franceses e os britânicos moveram a campanha de Gallipoli, em 1915, e da Mesopotâmia, no ano seguinte. Em Gallipoli, os otomanos foram bem sucedidos e rechaçaram os britânicos, franceses e as forças compostas por australianos e neozelandeses.

Entre março de 1915 a abril de 1916, o exército otomano cercou a cidade de Kut, a 160 quilômetros de Bagdá, onde estava estacionada uma guarnição anglo-indiana com oito mil homens. Os britânicos não puderam vencer o cerco e ofereceram dois milhões de libras esterlinas – uma fortuna na época – e a promessa de que aqueles homens não combateriam novamente se lhes fosse dada a liberdade. A proposta foi rejeitada. Os britânicos tentaram ainda conseguir ajuda dos russos, mas também não tiveram sucesso. Assim, tiveram de se render. Os prisioneiros foram conduzidos a uma prisão em Alepo, na Síria.

No entanto, depois do Cerco de Kut, os britânicos se reorganizaram e conseguiram recapturar Bagdá em março de 1917.

Na frente ocidental do Oriente Médio, os Aliados suportaram os ataques otomanos de 1915 e 1916. Em agosto de 1916, uma força formada por germânicos e otomanos foi derrotada na batalha de Romani. Depois dessa vitória, a Força Expedicionária Egípcia do Império britânico avançou através da Península do Sinai, infligindo derrotas ao exército otomano nas Batalhas de Magdhaba (23 de dezembro de 1916) e de Rafa (9 de janeiro de 1917), no Sinai egípcio e na Palestina otomana.

Wikimedia Commons

Membros do 3º Exército otomano

A Revolta Árabe, iniciada em 1916 e bancada pelos britânicos, libertou a Península Arábica do jugo otomano. Diversas tribos nômades lideradas por Hussein bin Ali e apoiadas pelos britânicos acabaram por tomar Meca. Uma figura central da Revolta Árabe foi o oficial britânico Thomas Lawrence, que conseguiu unir tribos inimigas para lutar contra os turcos. Embora os árabes tenham conquistado a independência dos otomanos, o plano de bin Ali de fundar um Estado árabe único não se realizou.

LAWRENCE DA ARÁBIA

Um dos personagens que mais se destacaram no front do Oriente Médio foi o oficial britânico Thomas Edward Lawrence (1888 – 1935), mais conhecido pelo seu apelido, Lawrence da Arábia. Além de ter sido uma figura vital na Revolta Árabe que ajudou a derrotar os turco-otomanos, ele encerrava em si diversas características envoltas em romantismo.

Arqueólogo de formação, com experiência em escavações no Egito, durante a guerra foi espião e agente entre os árabes, a quem convenceu de lutar do lado dos Aliados contra o Império otomano. Suas aventuras e as pessoas com quem conviveu, bem como sua habilidade em relatá-las na sua autobiografia, o projetaram, tornando-o uma figura pública das mais notórias em seu país natal. Sua

Wikimedia Commons

Thomas Lawrence

A derrota da Turquia na Primeira Guerra precipitou o fim do Império otomano, que veio a se dissolver em 1923. A nação derrotada assinou o Tratado de Sèvres que determinou os termos de partição do Império otomano. O território cedido pelo antigo Império constitui, atualmente, trinta e nove Estados, inclusive Israel, por conta de uma manobra dos britânicos que, em troca de apoio contra os turcos, prometeram ajudar os judeus a fundar uma pátria ao mesmo tempo em que prometiam a mesma coisa aos palestinos

história foi para o cinema num filme de1962 premiado com sete prêmios Oscar, dirigido por David Lean e estrelado por Peter O'Toole.

Thomas Lawrence nasceu no País de Gales em 1888. Seu nascimento foi resultado de um escândalo, quando Sir Thomas Chapman deixou a esposa e filhos na Irlanda para ir viver com a governanta da sua casa, Sarah Junner, no País de Gales. Para evitar serem mal falados na pequena aldeia galesa, eles chamavam a si mesmos de senhor e senhora Lawrence.

Thomas foi um aluno brilhante. Era poliglota, fluente em francês, grego arcaico e árabe. Tornou-se arqueólogo e foi trabalhar em escavações no Oriente Médio. Em janeiro de 1914, pouco antes do começo da guerra, Lawrence foi recrutado pelo Exército Britânico para fazer um levantamento no Deserto de Neguev.

O Departamento Árabe do Ministério do Exterior britânico, um serviço de inteligência com sede no Cairo, Egito, tinha planejado uma campanha contra o Império otomano baseada numa insurgência interna, estimulada e financiada pelos Aliados. Havia, de fato, tribos e lideranças nacionais que desejavam a independência que, se fossem instigadas e recebessem ajuda, penderiam para o lado britânico. Isso minaria os otomanos a partir de dentro, desviando recursos preciosos para conter as rebeliões internas.

Como conhecia bem a Síria, o Egito, a Palestina e a região do atual Iraque (então chamada pelo nome antigo, Mesopotâmia), quando o conflito explodiu, Lawrence foi lotado no serviço de inteligência, no Cairo. De acordo com o escritor Charles Parnell, em outubro de 1916, foi enviado para trabalhar junto com as forças hachemitas, um importante clã da tribo dos coraixitas, em Hejaz, no Oeste da atual Arábia Saudita.

Lawrence tinha por hábito adotar as roupas locais em suas viagens e continuou a fazer o mesmo no exército. Há diversas fotografias dele usando um dishdasha, a túnica tradicional árabe, e cavalgando camelos. Esse costume de se vestir como os árabes faz parte do folclore que circunda esse personagem. Lawrence era, de fato, muito interessado no universo árabe.

Durante o conflito, o arqueólogo combateu em ações de guerrilha ao lado de tropas árabes irregulares sob o comando de Emir Faisal. Numa intervenção importante, Lawrence conseguiu apoio da marinha britânica para repelir um ataque em Yenbu, em dezembro de 1916. A maior contribuição de Lawrence foi, porém, convencer os líderes árabes a coordenar suas ações de forma que apoiassem a estratégia dos britânicos. Ele persuadiu os beduínos a não fazer um ataque frontal contra a fortaleza otomana em Medina, convencendo-os a esperar que o exército otomano enviasse mais tropas para Medina para, em seguida, atacar o ponto fraco dos turcos, a ferrovia de Hejaz por onde eram enviados suprimentos a Medina. Por conta da ação, várias divisões otomanas foram mobilizadas para proteger não só Medina, mas também a ferrovia, enfraquecendo outras posições que precisavam manter.

Depois de coordenar importantes vitórias, como a captura de Aqba e a Batalha de Tafileh, Lawrence se envolveu, nas últimas semanas da guerra, na conquista de Damasco. Para sua decepção, ele só chegou à capital síria horas depois da queda.

Depois da guerra, Lawrence trabalhou no Ministério Exterior. Aproveitando a fama, escreveu suas aventuras num livro que chamou de *Sete Pilares da Sabedoria*. Celebrado em seu país, natal, morreu, em 1935 num acidente de motocicleta, uma de suas grandes paixões.

Wikimedia Commons

Enver Pasha, comandante supremo das Forças Armadas Otomanas, em 1911

CAMPANHA DO CÁUCASO

No Cáucaso, os otomanos enfrentaram os russos. Enver Pasha, o comandante supremo das Forças Armadas Otomanas, sonhava em reconquistar as áreas da Ásia Central que haviam sido perdidas para a Rússia. Apesar da ambição, Pasha fracassou logo no início do conflito. Em seu livro *A Peace to End All Peace: The Fall of the Ottoman Empire and the Creation of the Modern Middle East*, David Fromkin afirma que a derrota se deveu à falta de talento de Pasha como estrategista. Entre 22 de dezembro de 1914 e 17 de janeiro de 1915, na Batalha de Sarikamish, Pasha lançou um ataque frontal contra forças russas posicionadas em terreno montanhoso em pleno inverno. O resultado foi catastrófico. Pasha perdeu 86% do seu contingente.

O comandante russo de 1915 a 1916, general Nikolai Yudenich, expulsou os turcos do Sul do Cáucaso com uma série de vitórias. Em 1917, o grão-duque Nicolau Nikolaevich assumiu o comando da frente caucasiana. Ele planejava construir uma ferrovia através da Geórgia para abastecer as tropas para uma ofensiva final, em 1917. Contudo, em março de 1917, o czar foi deposto na Revolução de Março e a Rússia saiu da guerra pouco depois.

A GUERRA NA ÁSIA E NO PACÍFICO

Nas frentes da Ásia e do Pacífico, a Primeira Guerra Mundial se desenvolveu em torno da conquista das colônias alemãs no Pacífico e na China. Ao contrário da Segunda Guerra Mundial, que viu na Ásia e no Pacífico algumas das campanhas mais encarniçadas do conflito, na Primeira Guerra, o front asiático foi palco de campanhas curtas e rápidas

A ação militar mais significativa foi o bem planejado e bem executado Cerco de Tsingtao (hoje, Qingdao), um porto estratégico na China Oriental. O cerco foi empreendido por tropas japonesas e britânicas, entre 31 de outubro de 7 de novembro de 1914. Foi a primeira vez que alemães e japoneses combateram uns contra os outros e também a primeira vez que tropas britânicas e japonesas colaboravam numa ação conjunta. Batalhas menores também aconteceram na Nova Guiné alemã.

As batalhas navais, porém, foram comuns. Todas as potências coloniais tinham esquadras estacionadas nos oceanos Índico e Pacífico que apoiaram as tropas aliadas na invasão dos territórios alemães. Essas armadas foram responsáveis pela destruição da Esquadra Alemã da Ásia Oriental, a maior formação naval germânica fora da Alemanha. De resto, todos os territórios germânicos e austríacos na Ásia e no Pacífico caíram sem derramamento de sangue.

Uma das primeiras ofensivas terrestres na frente do Pacífico foi a ocupação por forças neozelandezas da Samoa Alemã em agosto de 1914. Essa campanha foi, na verdade, apenas

HMS Dreadnought da Marinha Real, primeiro dreadnought do mundo (1906); este tipo de embarcação lançou um novo conceito de guerra naval e teve seu projeto copiado pelas marinhas do mundo todo

Wikimedia Commons

Esquadrão alemão deixando Valparaíso, em 3 de novembro de 1914, após a Batalha de Coronel

um passeio. O território se rendeu depois do desembarque de mil soldados neozelandezes apoiados por esquadras australianas e francesas sem qualquer ensaio de defesa por parte dos alemães.

No mês seguinte, setembro de 1914, forças australianas atacaram a Nova Guiné alemã. Aqui houve certa resistência. Quinhentos soldados australianos enfrentaram trezentos alemães e policiais coloniais na Batalha de Bita Paka. Na luta, sete australianos foram mortos e cinco feridos. Do outro lado, um alemão foi abatido e trinta nativos pereceram. Os aliados venceram a batalha e os alemães se retiraram para a ilha de Toma. Contudo, uma companhia australiana apoiada por um navio de guerra britânico cercou os rebeldes, os quais se renderam sem derramamento de sangue. Apenas uma expedição comandada por Hermann Detzner, um oficial da força de segurança colonial alemã, conseguiu ludibriar as patrulhas australianas e continuou no interior da ilha sem se render até o final da guerra.

BATALHAS NAVAIS

Logo no início da guerra, a Esquadra Alemã da Ásia Oriental saiu da sua base no porto chinês de Tsingtao, na tentativa de cruzar o Pacífico de volta para a Europa, a fim de apoiar a esquadra principal. Em seu caminho através do Pacífico, essa força naval atacou diversos alvos aliados. Alguns cruzadores da frota foram designados para tomar a estação rádio-telegráfica da ilha de Fanning, em Kiribati, no meio do Oceano Pacífico. As forças navais alemãs também atacaram Papeete, na Polinésia Francesa, afundando dois cruzadores blindados franceses e um cargueiro, antes de bombardear as baterias terrestres instaladas na colônia.

A mesma frota, comandada pelo almirante Max von Spee, enfrentou em seguida uma esquadra britânica enviada para interceptar a Esquadra Alemã da Ásia Oriental. A Batalha Naval de Coronel foi travada próxima da costa chilena em 1 de novembro de 1914. Mais uma vez, von Spee teve sucesso. Os alemães venceram os ingleses, destruindo dois cruzadores da Marinha Real e forçando o resto da esquadra a bater em retirada. Mais de 1,5 marinheiros britânicos pereceram, todos os que estavam a bordo dos dois cruzadores. No mês seguinte, dezembro de 1914, a Esquadra Alemã da Ásia Oriental seria destruída quase completamente na Batalha Naval das Malvinas. O almirante von Spee afundou com sua nau capitânia, o SMS Scharnhorst. Os únicos navios que sobreviveram à batalha foram o cruzador Dresden e o vaso auxiliar Seydltiz. Enquanto a tripulação do último rumou para a Argentina, que era neutra, o Dresden continuou a atacar navios cargueiros aliados até ser capturado pelos britânicos em águas chilenas.

A guerra naval no Pacífico continuou, porém. Von Spee havia deixado o cruzador rápido SMS Emden na retaguarda. O navio venceu a Batalha de Penang, em 28 de outubro de 1914, no Estreito de Málaca. Na luta, o SMS Emden afundou um cruzador russo e um destroier francês. Em seu caminho, o cruzador destruiu trinta navios mercantes e bombardeou a cidade de Madras, na Índia, destruindo tanques de óleo britânicos e causando pânico na população. O ataque provocou uma emigração em massa das cidades costeiras, temendo-se que os alemães fossem invadir a Índia. Mas a invencibilidade do cruzador não durou muito. O Emden foi finalmente destruído por um cruzador rápido australiano, o HMAS Sydney, na Batalha de Cocos, em 9 de novembro de 1914. Contudo, um grupo de marinheiros, sob o comando do primeiro-tenente e oficial executivo do Emden, Hellmuth von Mücke, conseguiu escapar para territórios otomanos, aliados dos alemães, na Península Árabe.

OPERAÇÕES NAVAIS

A guerra no mar durante a Primeira Guerra Mundial se caracterizou principalmente pelos esforços das potências aliadas, as quais tinham maior poderio naval e maior abrangência geográfica, no sentido de bloquear as potências centrais pelo mar. Do lado dos alemães e austro-húngaros, a estratégia consistia em tentar romper o bloqueio dos aliados e, destruindo navios mercantes, restringir seu abastecimento – estratégia que acabou provocando a entrada dos Estados Unidos e do Brasil no conflito.

Muitos historiadores escreveram sobre a corrida entre a Grã-Bretanha e a Alemanha na construção de navios de guerra. Alguns desses autores afirmam que a ação dos alemães para equipararem sua marinha de guerra à dos britânicos foi a causa da animosidades entre essas potências, tão próximas culturalmente e etnicamente que os soberanos eram até mesmo parentes. De fato, a família real britânica tem suas origens na nobreza alemã. Tanto que o kaiser Wilhelm II, o imperador alemão, era neto da rainha Vitória e sobrinho do rei Eduardo VII. Na verdade, se fosse depender da vontade de seus reis, a Alemanha e a Grã-Bretanha nunca teriam lutado uma contra a outra. De acordo com o escritor Patrick Buchanan, em seu livro *Churchill, Hitler and the Unecessary War*, Guilherme II era declaradamente contra combater a Grã-Bretanha.

Os líderes alemães desejavam ter uma marinha que condissesse com se poderio militar e econômico. Isso os livraria da incômoda dependência da boa vontade britânica com relação ao comércio exterior e às suas possessões coloniais. Sabiam, porém, que uma marinha dessas proporções ameaçaria os domínios comerciais e o próprio Império britânico.

A corrida pelo aumento da frota naval começou nos primeiros anos do século XX. O episódio que disparou o processo foi uma crise diplomática sobre o status colonial do Marrocos. A Primeira Crise do Marrocos, que se estendeu de março de 1905 a maio de 1906, quando a Alemanha tentou usar as discussões sobre a independência do Marrocos para azedar as relações entre a França e a Grã-Bretanha e, ao mesmo tempo, garantir os interesses germânicos no país norte africano. Embora a posição alemã tenha assegurado a independência do Marrocos e o seus interesses comerciais, o feitiço acabou voltando contra o feiticeiro. As relações que se deterioraram foram as entre a Alemanha, de um lado, e a Grã-Bretanha e França, de outro. Estava dada a largada para a corrida armamentícia.

Por volta de 1914, a Alemanha já possuía a segunda maior marinha de guerra do mundo, ficando atrás apenas da Grã-Bretanha. As outras potências tinham frotas de guerra menores, compostas principalmente de embarcações pequenas como destroieres e submarinos.

> Na frente do Atlântico, os submarinos alemães, os U-Boats, caçavam cargueiros e navios mercantes destinados a reabastecer a Grã-Bretanha. Os U-Boats afundaram centenas de navios mercantes aliados, resultando em milhares de mortes de civis, especialmente quando o alvo era navios de passageiros, violando a Convenção de Haia

Wikimedia Commons

Cruzadores alemães (E-D) Derfflinger, Moltke e Seydlitz

Wikimedia Commons

Explosão do navio HMS Queen Mary na batalha da Jutlândia

AS FRENTES DA GUERRA NAVAL

Durante a Primeira Guerra Mundial a guerra naval se concentrou no Mar do Norte e no Atlântico. Houve batalhas navais no Pacífico promovidas pela Esquadra Alemã da Ásia Oriental quando zarpou da sua base no porto chinês de Tsingtao, na tentativa de cruzar o Pacífico de volta para a Europa, a fim de apoiar a esquadra principal. A esquadra foi desbaratada, embora tenha infligido destruição e baixas por onde passou.

O Mar do Norte foi a maior frente de guerra naval no que diz respeito às ações de superfície e o Atlântico foi palco da sangrenta campanha dos submarinos alemães, os U-Boats. A esquadra britânica, maior que a germânica, conseguiu manter um bloqueio, impedindo os alemães de obterem recursos do exterior. Por conta disso, a frota de guerra do kaiser ficou ancorada a maior parte do tempo, protegida por tapetes de minas aquáticas. Ocasionalmente, os alemães conseguiram atrair os britânicos para combates navais, tentando enfraquecê-los para conseguirem romper o bloqueio. Uma dessas tentativas foi o bombardeio das bases de Yarmouth e Lowestoft, na costa Inglesa, em 24 de abril de 1916. As bases não eram pontos estratégicos. O plano dos alemães era atrair outros barcos em socorro das duas cidades costeiras, os quais seriam atacados por forças navais alemãs que os emboscariam no caminho. Isso, porém, não aconteceu e a batalha acabou não tendo o impacto pretendido.

As principais batalhas da frente naval do Mar do Norte foram as duas de Heligoland Bight (28 de gosto de 1914 e 17 de novembro de 1917), Dogger Bank (24 de janeiro de 1915) e da Jutlândia (31 de maio e 1 de junho de 1916). Em geral, os britânicos foram bem-sucedidos em manter com sua marinha o bloqueio comercial aos alemães – embora a custo de ter de deixar seus principais navios no Mar do Norte sem poder utilizá-los em outras frentes importante. Com efeito, o bloqueio do comércio alemão no Mar do Norte resultou na perda de recursos que os impediu de ganhar a guerra.

A frente do Atlântico era o reverso da medalha. Aqui, eram os submarinos alemães, os U-Boats, que caçavam cargueiros e navios mercantes destinados a reabastecer a Grã-Bretanha. Os U-Boats afundaram centenas de navios mercantes aliados, resultando em milhares de mortes de civis, especialmente quando o alvo era navios de passageiros, violando a Convenção de Haia (1899 e 1907), uma das primeiras declarações formais de direito internacional sobre crimes de guerra. Devido à dificuldade de identificação, os U-Boats também acabavam afundando navios de países neutros que estavam nas áreas de bloqueio. Isso levou países como o Brasil e os Estados Unidos a entrarem na guerra contra a Alemanha. A campanha alemã pode ser considerada bem-sucedida, uma vez que acabou destruindo metade da frota mercante britânica.

RÚSSIA: DA GUERRA À REVOLUÇÃO

Em 1917, a Rússia estava exaurida pelos conflitos internos e pela sua participação na Primeira Guerra Mundial. A população oprimida sofria com o conflito e também com os problemas internos. A Rússia ainda era um país atrasado, não industrializado. Os russos de todas as classes pressionavam para que fossem empreendidas as mudanças necessárias à modernização do país. Assim, em fevereiro daquele ano, o czar foi deposto pela Revolução de Fevereiro, e um governo provisório se instalou no país

Wikimedia Commons

Soldados russos tomam as ruas de Moscou em protesto (fevereiro de 1917)

Os alemães acreditavam que a volta à Rússia de Vladimir Lênin (1870 – 1924), líder oposicionista que havia cumprido pena na Sibéria e se autoexilado na Suíça, poderia tirar o país do conflito, aliviando o esforço de guerra da Alemanha. Assim, sem a ameaça do czar e patrocinado pelos inimigos germânicos, o líder revolucionário voltou ao país.

Quando o líder do movimento bolchevique chegou a Moscou, em abril de 1917, começou imediatamente a tramar contra o governo revolucionário. Através das suas Teses de Abril, fomentou a oposição ao governo provisório. Nessa época, Lênin também terminou de escrever seu livro *Estado e Revolução*, que propunha uma nova forma de governo baseado em conselhos de trabalhadores, os soviets, eleitos e destituídos a qualquer momento pelos operários.

Poucos meses depois do retorno, Lênin liderou a Revolução de Outubro – na verdade, um golpe de Estado. Inspirados pelo lema "todo o poder aos soviets", criado por Lênin, os bolcheviques derrubaram o governo provisório em 8 de novembro de 1917, marcando o nascimento do regime soviético. Nessa mesma data, Lênin foi eleito presidente do Conselho dos Comissários do Povo pelo Congresso dos Soviets. Uma nova página na história política da humanidade – o regime comunista – era inaugurada.

Wikimedia Commons

Rebeldes soviets em combate atiram contra forças do czar, durante a Revolução de Março de 1917

A Rússia estava enfraquecida pelas crises internas e pela sua participação no conflito internacional que grassava na Europa. Para realizar os planos recuperação e desenvolvimento econômico social, os quais incluíam um sistema de saúde gratuito para toda a população, assegurar os direitos das mulheres e acabar com o analfabetismo, o novo governo tinha antes de tirar a Rússia da Primeira Guerra Mundial. Para tanto, Lênin acabou assinando o desvantajoso Tratado de Brest-Litovsk, sob o qual a Rússia perdia importantes territórios. A insatisfação que se seguiu lançou a Rússia numa luta fratricida.

O país se dividiu e, durante os três anos seguintes, foi lavado pelo sangue de seu próprio povo, derramado na guerra civil que resultou do golpe. Movidos por uma insanidade sanguinária, os exércitos Branco e Vermelho se engalfinharam, perpetrando massacres e espalhando terror por todo o país. A guerra civil semeou morte e fome em toda a já depauperada Rússia, mas Lênin agiu com obstinada frieza diante do sofrimento de seus conterrâneos. Qualquer oposição era duramente reprimida pelo fundador da União Soviética.

Em 30 de agosto de 1918, Fanya Kaplan, filiada ao Partido Revolucionário Socialista, se aproximou de Lênin depois de um discurso. O líder bolchevique estava indo para o carro que o esperava e, ao descer do palanque, parou para conversar com uma mulher. Fanya chamou seu nome e, quando Lênin virou para responder, ela disparou três tiros: o primeiro atingiu o braço do idealizador da revolução soviética e o segundo, mais sério, se alojou entre o maxilar e o pescoço. A terceira bala acertou a mulher que conversava com o ditador. Embora Lênin não tenha morrido, como consequência do ataque, sua saúde ficou profundamente comprometida. O atentado teve outra implicação, o início do "Terror Vermelho".

A tentativa de assassinar Lênin e o assassinato do chefe da polícia secreta de Petrogrado, Moisei Uritsky, levou Joseph Stalin a propor a Lênin uma "política sistemática de terror". Lênin concordou, e em 1 de setembro de 1918 o jornal do partido bolchevique, o Krasnaya Gazeta, anunciou oficialmente o que os inimigos do novo governo podiam esperar. Os suspeitos eram torturados, espancados, mutilados ou executados. Alguns eram fuzilados, outros, afogados, enterrados vivos ou retalhados por espadas. Geralmente, as vítimas tinham de cavar sua própria sepultura.

No final da guerra civil, os bolcheviques saíram vitoriosos e assumiram o controle total do país. Lênin não tardou em aplicar reformas para a nova nação. Quando seus esforços para transformar a economia russa de acordo com o modelo socialista fracassaram, o ditador introduziu sua Nova Política Econômica, a qual ainda incorporava características da iniciativa privada e que continuou por alguns anos depois da morte de Lênin.

Em 1922, o ditador soviético sofreu um derrame, do qual nunca se recuperou totalmente. Muitos acreditam que o acidente vascular foi consequência da bala alojada em seu pescoço, que nunca pôde ser removida. Durante seus últimos anos, Lênin se preocupou com a burocratização do regime e com a crescente concentração de poder nas mãos de Joseph Stalin, figura proeminente do Partido Comunista e que viria a substituí-lo à testa do Estado soviético.

Lênin morreu em 21 de janeiro de 1924, vítima de mais um derrame. Seu corpo foi embalsamado e colocado num mausoléu na Praça Vermelha, em Moscou.

OS ESTADOS UNIDOS E AS OFENSIVAS FINAIS

Em dezembro de 1916, depois de dez meses brutais que se arrastaram nos combates que passaram para a história com o nome de Batalha de Verdun e da ofensiva contra a Romênia, os alemães já sentiram o peso da guerra. Tentando minimizar as consequências, buscaram negociar a paz enquanto ainda tinham trunfos

Wikimedia Commons

O presidente americano Woodrow Wilson ofereceu-se para intermediar as conferências. Para tanto, pediu que as nações beligerantes estabelecessem suas exigências. O Gabinete de Guerra britânico entendeu as ofertas dos alemães como sendo um truque para dividir os aliados e, considerando que os Estados Unidos estavam prestes a entrar na guerra, uma vez que seus navios cargueiros e de passageiros haviam sido afundados por U-boats alemães resultando em milhares de civis mortos, não responderam de imediato aos esforços do presidente Wilson.

Berlim propôs, então, um debate direto, uma reunião onde representantes das potências em guerra pudessem colocar frente a frente suas demandas. Os aliados exigiram compensações para a França, a Rússia e a Romênia e a independência de regiões da Itália, da Romênia, da Tchecoslováquia do Império austro-húngaro e a criação de uma Polônia livre e unificada. Os alemães, por sua vez, não propuseram nada. Tampouco retiram seus exércitos dos territórios ocupados, nem pagaram qualquer indenização. Por conta disto, a guerra continuou.

O pôster de propaganda americana para recrutamento: "Tio Sam precisa de você", de James Montgomery Flagg

FORÇA ADICIONAL

No início da guerra, os Estados Unidos adotaram uma apolítica de não intervenção, evitando o conflito ao mesmo tempo em que buscavam promover a paz. Contudo, o ataque a navios de carga e de passageiros pelos submarinos alemães fez, finalmente, os Estados Unidos entrarem na guerra em 1917, contra os Poderes Centrais. O presidente Wilson já havia sinalizado ao kaiser que os EUA interviriam quando, em maio de 1917 o navio britânico RMS Lusitania foi afundado por U-boats matando, entre os passageiros, 148 americanos. Mas os alemães continuaram a interceptar suprimentos para a Grã-Bretanha, causando grande número de vítimas civis de várias nacionalidades. Como resultado os americanos entraram no conflito, enviando uma força expedicionária que chegou a mais de 2,8 milhões de homens sob o comando do general John Pershing.

Pouco antes da entrada dos Estados Unidos na guerra, sabendo que era inevitável que esse país declarasse guerra a Alemanha, o ministro do Exterior alemão, Arthur Zimmerman, propôs ao México entrar na guerra ao lado dos Poderes Centrais. De acordo com Barbara Tuchman, que contou essa história no livro *The Zimmerman Telegram*, como compensação, os germânicos financiariam a despesas do México no conflito e ajudariam o país a recuperar territórios tomados pelos Estados Unidos no Texas, Novo México e Arizona. Foi a gota d'água para os americanos.

Ao saber do telegrama e depois de os alemães afundarem sete navios mercantes americanos, a opinião pública apoiou a decisão do presidente Wilson e os Estados Unidos declararam guerra à Alemanha e ao Império austro-húngaro.

Os Estados Unidos não foram um membro formal dos aliados, mas, sim, uma "potência associada". Até então, o exército americano era pequeno. No entanto, depois do Ato de Alistamento Seletivo, de 18 de mio de 1917, o país recrutou 2,8 milhões de homens, o que permitiu enviar um contingente de 2,1 milhões de soldados para a Europa.

Com a entrada dos EUA na guerra, tanto os aliados quanto a Alemanha planejaram novas ofensivas, protagonizadas nas Ofensivas da Primavera dos Cem Dias.

Wikimedia Commons

Tropas americanas avançam em batalha na frente ocidental

SARGENTO YORK

O militar americano que mais se destacou na Primeira Guerra foi um montanhês rústico que, por convicções religiosas, não queria lutar. Alvin Collum York foi, provavelmente, o soldado americano mais condecorado da Primeira Guerra Mundial. York recebeu a Medalha de Honra, a mais importante condecoração dos Estados Unidos, por liderar a tomada de uma casamata alemã armada com metralhadoras, capturando trinta e duas metralhadoras, matando sozinho vinte e oito alemães e ajudando a capturar outros 132, durante a Ofensiva Meuse-Argonne, na França, empreendida pelos americanos.

Wikimedia Commons

O sargento York

Alvin Collum York era um homem robusto, ruivo, descendente de anglo-saxões, com quase 1,9 metros de altura. Nasceu em 13 de dezembro de 1887 numa cabana de troncos nas montanhas do Tennessee. Era o terceiro de onze filhos.

A família York era pobre. O pai, William York, cultivava e criava tudo o que a família consumia. A carne era sempre de caça. Para complementar a renda, William trabalhava como ferreiro. A mãe de Alvin costurava toda a roupa que a família usava. Os filhos frequentaram a escola durante apenas um ano letivo – o suficiente para aprender a ler e a escrever. O pai da família precisava de ajuda na fazenda. Em 1911, quando Alvin tinha 23 anos, seu pai morreu e, como seus dois irmãos mais velhos já tivessem casado e vivessem com suas famílias, ele assumiu o sustento da mãe e dos oito irmãos menores.

Embora fosse trabalhador, Alvin tinha um gênio péssimo. Frequentemente embriagava-se nos saloons locais e arrumava brigas. Várias vezes foi preso. Um dos seus biógrafos, Michael Birdwell, autor de *Legends and Traditions of the Great War: Seargent Alvin York*, conta que sua mãe, membro de uma denominação protestante pacifista, tentava, sem sucesso, convencer o filho a mudar seus modos. Ela não imaginava que o gênio violento do filho acabaria por torná-lo um herói. Apesar das bebedeiras e das brigas, ele frequenta a igreja com regularidade e quase sempre era quem liderava os hinos.

Quando a guerra estourou, Alvin York se preocupou. Numa palestra que deu no final da vida, ele admitiu que "não queria ir [para a guerra] e matar. Eu acreditava na Bíblia". De acordo com Christopher Capozzolla, autor de *Uncle Sam Wants You: World War I and the Making of the Modern American Citizen*, quando York se registrou no exército, na época condição obrigatória para todos os homens americanos e 21 a 31 anos, York respondeu à pergunta "há restrições à convocação (especificar motivo)", com uma simplicidade infantil: "Sim. Não quero lutar". Como se poderia esperar, a resposta não comoveu os oficiais e York foi convocado. Durante o treinamento, acabou se conciliando com a necessidade de combater. Seus superiores mostraram a ele passagens violentas da bíblia, justificando matar outros seres humanos.

A pregação dos superiores funcionou. Em ação, York revelou-se um combatente mortal. Em 8 de outubro de 1918, durante um ataque do seu batalhão para capturar posições alemãs ao longo da ferrovia Decauville, na França, a atuação de York lhe valeu a Medalha de Honra – a maior condecoração militar concedida pelo governo americano.

Sob intenso fogo inimigo, o qual dizimou muitos homens de seu pelotão, York e mais 16 homens receberam ordens de se infiltrar na retaguarda da posição germânica e tomá-la.

Os soldados capturaram as metralhadoras, mas os alemães continuaram a atirar. York deixou seus homens abrigados e foi, sozinho, enfrentar os alemães. Lutou contra vários deles. Atirando rapidamente matou 22. Então, a munição do seu rifle automático acabou. Seis alemães numa trincheira próxima perceberam e o atacaram com baionetas, mas York sacou o revólver Colt 45 e atirou contra eles, acertando os seis tiros.

Como resultado de sua ação individual, York foi imediatamente promovido a sargento condecorado com a Cruz de Serviços Distintos, a segunda condecoração mais importante do Exército americano, em reconhecimento ao seu heroísmo. Alguns meses depois, quando foram concluídas investigações minuciosas sobre seus feitos, York recebeu a Medalha de Honra.

Sua impetuosidade em combate (e também o reconhecimento que recebeu) impulsionou outros atos de bravura. Numa batalha subsequente, York repetiu proezas semelhantes, capturando, com ajuda do pelotão que passou a comandar, outra casamata e fazendo 128 prisioneiros. No total, o sargento chegou a receber cinquenta condecorações.

Os feitos de York não eram conhecidos nos Estados Unidos, até mesmo no Tennessee, até que uma edição especial do jornal Saturday Evening Post – a de 26 de abril de 1919 – contou os atos de heroísmo do sargento.

De volta aos Estados Unidos, York se tornou uma celebridade. Casou-se logo depois que chegou e constituiu família. Contudo, ele se recusou a aproveitar sua imagem em benefício próprio. Não aceitou, nem mesmo, milhares de dólares em publicidade. Em vez disso, emprestou sua imagem gratuitamente a instituições cívicas e de caridade. Ele também iniciou uma fundação para ajudar na educação de crianças pobres das montanhas do Tennessee. Essa foi sua maior ocupação depois da guerra. Por conta da generosidade, com a crise do final dos anos 1920, o sargento ficou em dificuldades financeiras.

Em 1948, York teve um derrame, agravado por outros mais que o confinaram na cama a partir de 1954. Passou dez anos nessa situação, morrendo de hemorragia cerebral em 2 de setembro de 1964.

Wikimedia Commons

A ação do sargento York em óleo de Frank Shoonover (1919

AS OFENSIVAS FINAIS

Com a entrada dos Estados Unidos na guerra, a Alemanha buscou dar um golpe decisivo na frente ocidental. Os alemães perceberam que sua única chance era derrotar os aliados antes da chegada dos enormes recursos em equipamentos e homens que os EUA forneceriam com sua entrada na guerra. Além disso, o exército do kaiser contava com um adicional de cinquenta divisões que haviam sido liberadas da frente oriental, depois da rendição da Rússia

Wikimedia Commons

Para romper as linhas de defesa das forças britânicas e francesas, os alemães conceberam uma ofensiva baseada numa série de ataques simulados que possibilitariam avanços. A Ofensiva da Primavera constituía-se, de fato, de quatro ofensivas simultâneas, cujos codinomes eram Michael, Georgette, Gneisenau e BlücherYorck. O ataque principal era a ofensiva Michael, que deveria romper as linhas aliadas, flanquear e derrotar as forças britânicas que estavam estacionadas no Rio Somme. Esperava-se, com isso, que os franceses buscassem o armistício. Os outros três ataques simultâneos serviriam para tirar as forças aliadas da ofensiva principal, no Somme.

Os aliados responderam concentrando suas forças nas áreas de maior valor estratégico e deixaram posições sem importância com pouca defesa, para atrair os alemães. O custo humano foi impensável. Soldados aliados eram simplesmente convocados para morrer como isca para os germânicos.

A ofensiva começou no primeiro dia da primavera, em 21 de março de 1918, com um ataque às forças britânicas estacionadas nas proximidades de Amiens, cidade situada a 120 quilômetros ao norte de Paris. Segundo Ian Westwell, autor de *World War I Day by Day*, os alemães avançaram sessenta quilômetros – algo que não acontecia no front ocidental desde o começo do conflito.

Os germânicos também usaram novas táticas na ofensiva. Batizadas de Táticas de Infiltração de Hutier, em homenagem ao general Oskar von Hutier, que as desenvolveu, o procedimento se mostrou bem-sucedido. Até então, os ataques eram efetuados por meio de longos bombardeios da artilharia seguidos de assalto em massa da infantaria. Hutier concebeu um ataque baseado no elemento surpresa. Os bombardeios eram breves e a infiltração era feita por grupos menores em pontos fracos. Depois, a artilharia se encarregava de destruir as posições isoladas.

As tropas de assalto alemãs redefiniram a forma de combate da infantaria. Com a nova tática de ataque, a frente de combate chegou a 120 quilômetros de Paris.

Contudo, os alemães não conseguiram enviar suprimentos e reforços à frente de combate a tempo, o que atrasou seu avanço. De fato, a velocidade com que penetraram nas linhas inimigas acabou prejudicando a ofensiva, pois as linhas de abastecimento ficaram mais distantes. Além disso, houve greves nas fábricas de armamentos alemãs, o que levou os militares a falarem de "traição".

Alemães passam por uma trincheira capturada dos britânicos

A ofensiva começou no primeiro dia da primavera, em 21 de março de 1918, com um ataque às forças britânicas estacionadas nas proximidades de Amiens, cidade situada a 120 quilômetros ao norte de Paris. Segundo Ian Westwell, autor de *World War I Day by Day*, os alemães avançaram 60 quilômetros – algo que não acontecia no front ocidental desde o começo do conflito.

No final de abril, o perigo da ofensiva alemã tinha retrocedido. Além da falta de suprimentos e armamentos, o exército do kaiser tinha sofrido pesadas baixas, tanto que não tinha homens o suficiente para defender o território de pouco valor estratégico que conquistara no primeiro mês da ofensiva.

Wikimedia Commons

Soldados franceses sob o general Gouraud disparam metralhadoras entre as ruínas de uma igreja perto do Marne, repelindo um ataque alemão

A SEGUNDA BATALHA DE MARNE

Frente às dificuldades que interromperam a Ofensiva da Primavera, o líder militar da Alemanha, Erich Ludendorff (1865 – 1937), planejando expulsar tropas aliadas da Bélgica, ordenou um ataque ao longo do Rio Marne. Assim, ele acreditava poder flanquear e derrotar a Força Expedicionária Britânica, então, a mais experiente da frente ocidental.

A batalha começou em 15 de julho de 1918, quando divisões do 1º e 3º Exércitos alemães, comandados por Bruno Von Mudra e Karl Von Einen, atacaram o 4º Exército francês, sob Henri Gouraud, apoiados pela 42ª Divisão do Exército dos EUA, em Reims, a 130 quilômetros de Paris.

Depois de três dias de luta, o avanço germânico, que tinha conquistado uma cabeça de ponte sobre o Marne e avançava, foi detido. Os franceses lançaram quarenta toneladas de bombas nas pontes improvisadas que os alemães tinham construído para atravessar o Marne. Além disso, os franceses aliados receberam um reforço do XXI Corpo de Exército britânico e mais 85 mil soldado americanos, o que permitiu que revertessem o resultado da batalha. Assim, em 17 de julho, o avanço alemão foi interrompido.

Os aliados não perderam tempo para contra-atacar. No dia seguinte, em 18 de julho, o marechal francês Ferdinand Foch (1851 – 1929), o Supremo Comandante dos aliados e orgulhoso vencedor da Batalha de Marne, lançou uma grande contraofensiva. Os franceses, apoiados por oito divisões americanas e 350 tanques, atacaram as posições de defesa alemãs. Era a primeira vez que os tanques Renault FT viam ação – e mostraram-se muito eficazes.

Embora a força que deteve os alemães em Marne fosse composta de quatro nacionalidades – franceses, britânicos, italianos e americanos (o que dificultava o comando de Foch) –, os americanos destacaram-se nos combates. Os ianques, que não estavam exauridos como os europeus, depois de anos de duras refregas, elevaram o espírito dos aliados. Talvez a falta de experiência tenha contribuído. Conforme o correspondente do jornal Chicago Tribune Floyd Gibbons, citado no

Wikimedia Commons

Alemão Morto durante a batalha

livro *Over There: The United States in the Great War*, de Byron Farwell, "nunca vi homens enfrentarem a morte (em cargas de baioneta) com espírito mais elevado". Deve-se, porém, levar em consideração a verve dos repórteres da época, bem como o fato de ser um americano escrevendo-sobre ações de americanos no palco da História mundial.

A Segunda Batalha de Marne foi um banho de sangue. Um "moedor de carne", conforme colocou um observador. Apenas no segundo dia da luta, 19 de julho, 9.334 soldados italianos, de uma força de 24 mil, foram mortos. O sacrifício dos italianos permitiu, porém, que os britânicos se posicionassem e atacassem pelo Vale de Ardre. Sem poder resistir, em 20 de julho, os alemães ordenaram a retirada até as posições que ocupavam antes da Ofensiva da Primavera.

Depois de escaramuças que não trouxeram ganhos para nenhum dos combatentes, os britânicos e franceses voltaram a atacar em massa, repelindo os alemães, que formaram uma linha defensiva 45 km adiante da área que detinham antes da ofensiva.

O custo da contraofensiva aliada foi caro para os alemães: 29,3 mil soldados do kaiser foram feitos prisioneiros, 793 canhões e três mil metralhadoras foram capturados e 168 mil homens foram mortos. Era o que muitos consideram o começo do fim da Primeira Guerra. Cem dias depois da derrota em Marne – o tempo que durou a ofensiva promovida pelos aliados –, os alemães capitularam.

A OFENSIVA DOS CEM DIAS

Com o fracasso da Ofensiva da Primavera, o alto comando alemão soube que a guerra não podia ser vencida. Desde o início do conflito já tinham perdido seis milhões de soldados. Além disso, o Império austro-húngaro informou aos seus aliados alemães que só teriam condições de continuar a guerra até dezembro daquele ano de 1918

Com o bem-sucedido contra-ataque francês que pôs fim à Segunda Batalha de Marne, em 8 de agosto de 1918, os aliados iniciaram aquilo que ficou conhecido como a Ofensiva dos Cem Dias. A Batalha de Amiens foi o primeiro encontro da ofensiva. Apoiados por mais de quatrocentos tanques, uma coalizão de 120 mil homens atacou os alemães com o 1º Exército francês no flanco direito, o 4º Exército britânico no esquerdo e uma força formada por australianos e canadenses no centro, penetrando 12 quilômetros em território mantido pelos germânicos em apenas sete horas.

Com a penetração dos aliados, a moral dos alemães caiu, a ponto de Erich Ludendorff chamar aquele de "Dia Negro do Exército Alemão". Contudo, depois do susto inicial, os alemães reagiram com firmeza e determinação. Os aliados tentaram contornar a linha de defesa, uma vez que tentar rompê-la seria um enorme desperdício de vidas, e conseguiram, de fato, romper as posições defensivas alemãs pelos flancos. A Batalha de Amiens foi concluída em 12 de agosto.

Com a Batalha de Alberton, os aliados, então, lançaram, em 21 de agosto, a segunda fase da campanha. O ataque coordenado entre forças britânicas e francesas pressionou o front de 115 km sem interrupções durante a última semana de agosto. Em 2 de setembro, os alemães começaram a bater em retirada. Os aliados continuaram o avanço. Apesar de os alemães continuarem a lançar contra-ataques e a lutar com determinação, não conseguiram deter a marcha avassaladora do inimigo, bem-equipado e numeroso. As posições germânicas caiam uma a uma. Só a Força Expedicionária Britânica fez 30,5 mil prisioneiros na última semana de setembro. Desde o começo de agosto, cerca de cem mil alemães foram feitos prisioneiros. As forças alemãs se esfacelavam.

O golpe final na Linha Hindenburg, a linha defensiva alemã, foi a Ofensiva Meuse-Argonne, empreendido por tropas francesas e americanas, em 24 de setembro. Os alemães ainda tentaram resistir, desesperada-

Wikimedia Commons

Um posto armado com metralhadora, estabelecido pelo 54.ª Batalhão australiano durantea Ofensiva dos Cem Dias

Wikimedia Commons

O general alemão Erich Ludendorff (1865 - 1937)

mente, mas, quando, em 29 de setembro, a Bulgária assinou um armistício separado, ficou claro que, sem o apoio do aliado, a Alemanha não conseguiria mais manter suas defesas. Para piorar, o exército do kaiser estava ficando sem suprimentos.

A notícia da derrota iminente espalhou-se entre as forças germânicas, que ameaçaram amotinar-se. Alguns marinheiros, ao receberem ordens para uma missão de ataque, a qual julgaram ser suicida, rebelaram-se.

Desde meados de agosto os alemães estavam tentando uma saída. Sabiam que não conseguiriam resolver o conflito por meio de força militar. No final da Ofensiva dos Cem Dias, o próprio general Erich Ludendorff, líder das Forças Armadas do kaiser, comentou com um subordinado, "não vamos mais conseguir ganhar a guerra, mas também não podemos perdê-la". Com isso, Ludendorff afirmava que ainda havia a possibilidade de uma saída honrosa, por meio da negociação da paz. Depois de amargar a morte de seis milhões de homens, a Alemanha tinha, porém, perdido seu trunfo. Seu exército estava em retirada. Os alemães não tinham poder de barganha.

Os aliados recusaram as ofertas de paz dos Poderes Centrais. Entrementes, um governo democrático parlamentar de coalizão tomou posse na Alemanha e o príncipe Maximiliano von Baden tornou-se chanceler. Imediatamente, von Baden começou a negociar com os aliados. Procurou, primeiro, o presidente americano Woodrow Wilson, com a vã esperança de que os Estados Unidos oferecessem melhores condições que a França e o Grã-Bretanha. Ledo engano. Wilson exigiu a abdicação do Kaiser. Sem perda de tempo, o Partido Democrata alemão anunciou, em 9 de novembro de 1918, que a Alemanha era uma república. Embora houvesse uma revolução, que prosseguiu até agosto de 1919, o Império alemão sucumbia. Nascia a República de Weimar.

Em 11 de novembro de 1918, a Alemanha assinou o armistício. A Liga dos Poderes Centrais perdia a guerra.

O Império austro-húngaro foi esfacelado pelo tratado de Saint-Germain, que reduziu a Áustria aos seus territórios germânicos, entregando o Trentino e a Ístria, à Itália. Ao reino dos Sérvios, Croatas e Eslovenos, que depois se chamou de Iugoslávia, cedeu a Eslovênia, a Dalmácia, a Croácia e a Bósnia-Herzegovina. À custa de seus domínios tchecos, surgiu um novo país: a Tchecoslováquia. De um dos maiores Estados europeus em extensão, a Áustria ficou reduzida a um território de apenas 83.850 km2.

À Hungria foi imposto o tratado de Trianon, o qual a obrigava a ceder a Croácia, a Eslováquia e a Rutênia à Tcheco-eslováquia, e a Transilvânia à Romênia, fazendo com que o país fosse reduzido a um terço do seu território de 1914. A moral em todo o antigo Império estava baixa. Anos de luta e de sacrifícios não impediram o inevitável: a fragmentação da enorme colcha de retalhos étnicos, linguísticos, culturais e religiosos, que uma vez tinha constituído o Império dos Habsburgo.

A Alemanha também pagou um preço alto pela paz.

Wikimedia Commons

O TRATADO DE VERSALHES E O FINAL DA GUERRA

O armistício entre os aliados e a Alemanha, batizado de "Armistício de Compiègne", foi assinado em 11 de novembro de 1918. No entanto, o tratado de paz, o Tratado de Versalhes, só foi firmado seis meses depois

O marechal francês Ferdinand Foch (1851 – 1929), principal autor do armistício

Os pontos do armistício foram escritos, principalmente, pelo marechal francês Ferdinand Foch e determinavam o fim das hostilidades, a retirada das tropas alemãs para seu território nacional, a preservação das infraestruturas, a troca de prisioneiros de guerra, a promessa de reparos, a rendição de navios de guerra e submarinos ainda em condições de combate.

Um dos pontos mais duros do armistício foi a ocupação da Renânia, região no Oeste da Alemanha, ao longo do Rio Reno, por tropas belgas, americanas, britânicas e, especialmente, francesas. Os aliados queriam garantir uma linha de isolamento, mantendo as tropas alemãs a pelo menos cinquenta quilômetros a leste do Reno.

Para que os termos do Tratado de Versalhes fossem cumpridos a Renânia seria ocupada por 15 anos. Se a Alemanha não praticasse nenhuma agressão, uma retirada gradual seria iniciada. Depois de cinco anos, o território ao longo do Rio Ruhr, ao norte seria evacuado. Depois de dez anos, seria a vez dos territórios do Norte e, finalmente, em quinze anos, todas as forças aliadas deixariam a Alemanha.

Chefes de estado reunidos para a assinatura do tratado no Salão dos Espelhos, Versailles, em junho de 1919

Agora foi a vez de a população alemã reclamar de maus tratos por parte dos invasores. Os soldados franceses foram os que mais afrontaram os civis – na verdade, os africanos que serviam no exército colonial. Muitos senegaleses que combatiam pelas cores da França foram acusados de estupro. A direita alemã não tardou a usar o fato contra os invasores, alegando que os estupros de alemãs por africanos era uma forma de humilhar a nação alemã.

Além da ocupação da Renânia, durante o armistício, o bloqueio de bens à Alemanha por parte dos aliados, iniciado nos primeiros momentos da guerra, continuou. Muitos afirmam que o bloqueio foi um dos fatores que permitiu a vitória dos aliados – além de, claro, a entrada dos EUA com mais de um milhão de homens e enorme quantidade de equipamento. O impacto que o boicote teve sobre a população civil foi pesado. Em dezembro de 1918, o Ministério da Saúde Pública da Alemanha afirmou que, até aquela data, 763 mil civis alemães morreram de fome e por falta de remédios. De acordo com o estudo *The Cost of the World War to Germany and Austria-Hungary*, de Leo Grebler, publicado pela Universidade de Yale em 1940, o número de mortes de civis teria sido 424 mil.

CUSTOS EM DÓLARES DA PRIMEIRA GUERRA

Aliados	Custo em Dólares 1914-18
Estados Unidos	22.625.253.000
Grã-Bretanha	35.334.012.000
França	24.265.583.000
Rússia	22.293.950.000
Itália	12.413.998.000
Bélgica	1.154.468.000
Romênia	1.600.000.000
Japão	40.000.000
Sérvia	399.400.000
Grécia	270.000.000
Canadá	1.665.576.000
Austrália	1.423.208.000
Nova Zelândia	378.750.000
Índia	601.279.000
África do Sul	300.000.000
Colônias Britânicas	125.000.000
Outros	500.000.000
TOTAL DOS CUSTOS	**125.690.477.000**

Poderes Centrais	Custos em Dólares 1914-18
Alemanha	37.775.000.000
Áustria- Hungria	20.622.960.000
Turquia	1.430.000.000
Bulgária	815.200.000
TOTAL DOS CUSTOS	**60.643.160.000**

Fonte: First World War Encyclopedia - Spartacus Educational

MORTOS, FERIDOS E DESAPARECIDOS

O número total de casualidades civis e militares na Primeira Guerra Mundial foi acima de 37 milhões, sendo cerca de 17 milhões de mortos e 20 milhões de feridos, o que coloca o conflito entre os mais sangrentos e mortais da História. Entre os mortos foram cerca de dez milhões de militares e sete milhões de civis. Os aliados perderam ao redor de seis milhões de soldados, enquanto as nações do Eixo, quatro milhões. Pelo menos dois milhões morreram de doenças e seis milhões desapareceram, presumivelmente mortos.

Ao contrário das guerras do século XIX, quando as maiores causas das mortes era doenças, cerca de dois terços das mortes de militares ocorreram durante batalhas. As causas dessa mudança se devem aos avanços na medicina e ao aumento da eficiência letal das armas. Mesmo assim, aproximadamente um terço das mortes dos militares durante a Primeira Guerra foram causados por doenças, especialmente a Gripe Espanhola.

NÚMEROS DE CASUALIDADES (MORTOS E FERIDOS) COM RELAÇÃO À POPULAÇÃO DO PAÍS

Aliados

País	População	Soldados no Front	Casualidades
Império britânico	434.286.650	7.052.453	3.249.179
França	53.969.337	9.000.000	4.331.375
Rússia	180.000.000	10.000.000	7.190.000
Itália	35.000.000	4.200.000	1.600.123
Japão	75.000.000	75.000	3.314
Bélgica	7.500.000	260.000	196.098
Sérvia, Eslováquia e Montenegro	5.000.000	657.343	435.596
Romênia	7.200.000	643.000	279.540
Grécia	5.000.000	300.000	28.007
Portugal	6.000.000	60.000	15.280
E.U.A.	92.000.000	2.061.000	233.954

Países do Eixo

País	População	Soldados no Front	Casualidades
Alemanha	70.000.000	9.898.000	6.116.200
Áustria	50.000.000	6.500.000	2.521.734
Turquia	20.000.000	1.500.000	883.719
Bulgária	5.500.000	500.000	446.000

Fonte: "Summary Of Australian War Casualties", in www.awm.gov.au

CRIMES DE GUERRA

A Primeira Guerra Mundial inaugurou a guerra moderna, indicando tendências, estratégias e tecnologias que continuam, embora aperfeiçoadas, a ser usadas ainda hoje. Uma dessas tendências foi a prática de limpeza étnica, que continuou ao longo de todo o século XX e que vem sendo promovida até hoje (por exemplo, a movida contra os palestinos pelo governo do Likud, ou aos tibetanos, pelo governo chinês). A limpeza étnica pode ser feita deportando, isolando e até mesmo massacrando populações indesejáveis.

No primeiro conflito mundial da Era Moderna, os crimes de guerra foram relacionados, principalmente, com limpeza étnica (o que incluiu perseguição religiosa) e foram perpetrados pelos Poderes Centrais. A Alemanha e a Áustria-Hungria também promoveram atrocidades contra a

País	Forças Mobilizadas	Mortos	Feridos	Prisioneiros e Desaparecidos	Casualidades	Casualidades em relação às Forças (%)
Aliados						
Rússia	12.000.000	1.700.000	4.950.000	2.500.000	9.150.000	76,3
Império britânico	8.904.467	908.371	2.090.212	191.652	3.190.235	35,8
França	8.410.000	1.357.800	4.266.000	537.000	6.160.800	73,3
Itália	5.615.000	650.000	947.000	600.000	2.197.000	39,1
Estados Unidos	4.355.000	116.516	204.002	4.500	323.018	7,1
Japão	800.000	300	907	3	1.210	0,2
Romênia	750.000	335.706	120.000	80.000	535.706	71,4
Sérvia	707.343	45.000	133.148	152.958	331.106	46,8
Bélgica	267.000	13.716	44.686	34.659	93.061	34,9
Grécia	230.000	5.000	21.000	1.000	27.000	11,7
Portugal	100.000	7.222	13.751	12.318	33.291	33,3
Montenegro	50.000	3.000	10.000	7.000	20.000	40,0
TOTAL	**42.188.810**	**5.142.631**	**12.800.706**	**4.121.090**	**22.062.427**	**52,3**
Países do Eixo						
Alemanha	11.000.000	1.773.700	4.216.058	1.152.800	7.142.558	64,9
Áustria- Hungria	7.800.000	1.200.000	3.620.000	2.200.000	7.020.000	90,0
Turquia	2.850.000	325.000	400.000	250.000	975.000	34,2
Bulgária	1.200.000	87.500	152.390	27.029	266.919	22,2
TOTAL	**22.850.000**	**3.386.200**	**8.388.448**	**3.629.829**	**15.404.477**	**67,4**
TOTAL GERAL	**65.038.810**	**8.528.831**	**21.189.154**	**7.750.919**	**37.466.904**	**57,5**

Fonte: Public Broadcasting Service (PBS) of Estados Unidos

Wikimedia Commons

Os cadáveres dos muçulmanos presos no bairro armênio Erzincan e posteriormente queimados vivos

população civil da Bélgica (pelos alemães) e da Sérvia (pelos austro-húngaros). Nesse caso, os protagonistas dos massacres afirmavam temer represálias da população, que podia sabotar ferrovias e contra-atacar com campanhas de guerrilha.

Mas o mais radical entre os Poderes Centrais foi o Império otomano, que promoveu o Holocausto de três populações rebeldes, resultando em milhões de mortos e abrindo caminho para a Solução Final de Hitler, a impensável barbárie que resultou no assassinato de milhões de judeus, poloneses, eslavos, ciganos e outras populações pelos nazistas durante a Segunda Guerra Mundial.

Uma mãe armênia ao lado dos corpos de seus cinco filhos

O GENOCÍDIO DOS ARMÊNIOS

O massacre dos armênios pelos turcos otomanos foi o primeiro genocídio moderno e é o segundo caso de genocídio mais estudado, ficando atrás somente do Holocausto dos nazistas.

Logo no começo da Guerra o Governo dos Jovens Turcos, que assumiu a administração do governo otomano em 1908, via a população armênia do Império como inimiga, uma vez que os armênios apoiaram a Rússia, a maior inimiga dos turcos, no começo da guerra. Em 1915, vários armênios foram combater ao lado dos russos e o governo viu nisso um pretexto para outorgar uma Lei de Deportação, autorizando a deportação de toda a população armênia das províncias orientais do território otomano para a Síria entre 1915 e 1917. As deportações eram, na verdade, pretexto para execuções em massa.

Não se sabe ao certo qual o número de armênios executados durante as deportações em massa. De acordo com Peter Balakian, que estudou a fundo o assunto em seu livro The Burning Tigris: The Armenian Genocide and America's Reaction, foram entre 250 mil a 1,5 milhões de pessoas. Já a Associação Internacional de Estudiosos de Genocídios, uma organização internacional que pesquisa e estuda a natureza, causas e consequência de genocídios, estima que mais de um milhão de armênios foram massacrados.

O extermínio da população armênia de sua nação histórica se deu em duas fases. Primeiro, os homens capazes de lutar foram mortos ou sentenciados a trabalhos forçados que levavam, invariavelmente, ao óbito. Em seguida, a mulheres, crianças, idosos e inválidos tinham de marchar de Leste a Oeste do Império atravessando o Deserto da Síria. O resultado da marcha era, igualmente, a morte.

O genocídio começou em 24 de abril de 1915, na capital Constantinopla, quando as autoridades otomanas prenderam duzentos e cinquenta líderes comunitários e intelectuais armênios. Em seguida, militares expulsaram os armênios das suas casas e os obrigaram a marchar centenas de quilômetros até o deserto da Síria, sem lhes fornecer água nem alimento. Nesse processo, eram promovidos massacres. Mulheres, crianças e idosos eram mortos sem a mínima possibilidade e reação. Estupro e abusos sexuais eram comuns.

A República da Turquia, o Estado sucessor do Império otomano, não aceita a palavra genocídio, pois afirma que o termo não descreve o que de fato aconteceu. No entanto, vinte países reconhecem oficialmente que os eventos perpetrados pelos otomanos contra os armênios nesse período foram, sem dúvida, genocídio.

Wikimedia Commons

Vítimas do genocídio contra os gregos

O GENOCÍDIO DOS GREGOS

Os otomanos aproveitaram a guerra para eliminar as populações contrárias ao seu domínio. O genocídio dos gregos, como o dos armênios, se estendeu de 1915 a 1923, quando o Império foi abolido e foi proclamada a República da Turquia.

Na Primeira Guerra, o governo dos Jovens Turcos buscou eliminar completamente a população grega de seu país natal. Os métodos utilizados foram os mesmos praticados contra os armênios: deportação, marchas forçadas sem água nem alimento, execuções arbitrárias, destruição de importantes monumentos cristãos ortodoxos. Muitos gregos fugiram da fúria otomana, buscando abrigo no vizinho Império russo.

A Turquia também nega que tenha cometido genocídio na Grécia e justifica a brutalidade afirmando que os gregos eram simpáticos aos inimigos dos otomanos. Muitos oficiais turco-otomanos foram julgados e condenados por crimes de guerra depois do conflito e os governos aliados condenaram os massacres como crimes contra a humanidade. Recentemente, em 2007, a Associação Internacional de Estudiosos de Genocídio, emitiu uma resolução concluindo que a campanha otomana contra as minorias cristãs do Império otomano, das quais os gregos faziam parte, foi genocídio. Os parlamentos da Grécia, da República de Chipre e da Suécia fizeram o mesmo.

O GENOCÍDIO DOS ASSÍRIOS

Embora o número de assírios mortos pelos turco-otomanos tenha sido menor que o de gregos e de armênios, a perseguição a essa etnia, originária da região englobada pelos atuais Iraque e Síria, foi mais duradoura. Ela se estendeu dos anos 1890 até meados da década de 1920.

A perseguição atingiu seu ponto culminante na Primeira Guerra Mundial, quando a população assíria, especialmente os cristãos, do norte da Mesopotâmia – a faixa de terra entre os rios Tigre e Eufrates, localizada no atual Iraque – foi expulsa de sua terra natal e massacrada por forças turco-otomanas e curdas.

O genocídio dos assírios foi executado no mesmo contexto que o dos armênios e gregos. Como nos outros casos, o Estado turco ainda nega que tenha havido genocídio. No recente estudo *Genocide in the Middle East: The Ottoman Empire, Iraq, and Sudan*, Hannibal Travis afirma que, no total, perto de três milhões de cirstãos de etnia assíria, armênia e grega tenham sido assassinados pelo regime dos Jovens Turcos.

NEGOCIAÇÕES

Os aliados só se reuniram para negociar dois meses depois da assinatura do armistício, em 18 de janeiro de 1919. Os setenta delegados de 27 países reuniram-se no Ministério de Relações Exteriores francês, em Paris. A Alemanha, Áustria e Hungria foram excluídas das negociações. O governo alemão protestou contra o que considerava ser exigências injustas e uma "violação da honra". A Rússia também não foi chamada a participar, uma vez que havia firmado um tratado de paz com a Alemanha separadamente. As negociações foram comandadas, em princípio, por cinco países, Grã-Bretanha, França, EUA, Itália e Japão. Contudo, o Japão saiu pouco depois do início das negociações, deixando a liderança

Wikimedia Commons

O presidente americano Woodrow Wilson, em 1919

aos chamados "Quatro Grandes". Os delegados desses países tomaram a maior parte das decisões. A assembleia constituída por todas as nações participantes simplesmente ratificava os termos dispostos nas Conferências de Plenário semanais. Eram quase espectadoras – como o Brasil que, como nação aliada, enviou uma delegação para tomar parte das negociações.

O tratado de paz foi formatado para atender as demandas dos Quatro Grandes (Grã-Bretanha, EUA, França e Itália), as principais potências aliadas. A França, que tem uma extensa fronteira com a Alemanha, procurou enfraquecer o inimigo ao máximo. De acordo com o historiador autor do livro *The Legacy of the Great War: Peacemaking*, o primeiro-ministro francês Georges Clemenceau justificou as medidas extremas ao presidente americano Woodrow Wilson, afirmando que "os Estados Unidos estão longe, protegidos pelo oceano. Nem o próprio Napoleão conseguiu chegar à Inglaterra. Vocês dois [EUA e Grã-Bretanha] estão protegidos. Nós não" Clemenceau queria constituir um Estado tampão na Renânia, isolando a Alemanha. Os outros, porém, não concordaram. Em lugar do Estado tampão, a França conseguiu a desmilitarização da Renânia e promessas de apoio dos EUA e da Grã-Bretanha, caso a Alemanha retomasse as agressões – como aconteceu, de fato, na Segunda Guerra. Além da ameaça alemã às suas portas, a França tinha sido o país que mais teve perdas humanas e materiais entre os aliados. Por isso, exigiu uma pesada compensação financeira da Alemanha. Quando a República de Weimar não conseguiu pagar, tropas francesas e belgas ocuparam todo o Vale do Ruhr, o coração industrial da Alemanha.

Wikimedia Commons

O primeiro-ministro francês Georges Clemenceau

Os britânicos foram pouco mais moderados, pois temiam ter sua economia afetada pela perda de um importante parceiro comercial – a Alemanha. Quanto aos Estados Unidos, o objetivo de Woodrow Wilson era reerguer a economia europeia, promover o livre-comércio, estabelecer novos mandatos para as colônias das potências europeias e da Turquia e, sobretudo, sedimentar uma Liga das Nações que pudesse assegurar a paz. Wilson não desejava sangrar a Alemanha como a Grã-Bretanha e, especialmente, a França. Contudo, as determinações das potências europeias é que acabaram prevalecendo. E, duas décadas depois, iriam amargar as consequências.

O TRATADO

Não se pode considerar que a Alemanha tenha assina um acordo de paz. De fato, o Tratado de Versalhes foi imposto à recém-proclamada república de Weimar. Ao apresentar o documento, os aliados informa-

Wikimedia Commons

Um submarino (u-boat) alemão U-155 exibido como presa de guerra em Londres, depois do Armistício

ram que, se o governo alemão não aceitasse, recomeçariam a guerra. O chefe do governo alemão, Philipp Scheidemann, renunciou, deixando de assinar o tratado. Gustav Bauer, líder do governo de coalizão que se formou após a renúncia de Scheidemann, enviou um telegrama a Paris confirmando sua intenção de assinar o tratado, caso alguns artigos fossem retirados. A resposta dos aliados veio na forma de um ultimato: ou a Alemanha aceitava aquelas condições, ou seus exércitos cruzariam o Reno em 24 horas e invadiriam o país.

Diante da espoliação que julgava ser o tratado, o presidente alemão, Friedrich Ebert, primeiro presidente da Alemanha, consultou o Marechal de Campo Paul Von Hindenburg, para saber se o exército conseguiria resistir a uma invasão dos aliados. Se houvesse qualquer possibilidade de resistência, Ebert não ratificaria o tratado. A resposta, porém, foi desanimadora. Assim, a assinatura do tratado foi posta em votação pela Assembleia Nacional, que escolheu , por 237 votos contra 138, ratificar o acordo. Ebert não teve outra alternativa a não ser enviar uma delegação a Paris para assinar.

No dia 29 de abril de 1919, a delegação alemã, liderada pelo Ministro do Exterior Ulrich Graf von Brockdorff-Rantzau, chegou a Versalhes para assinar o tratado. Dias depois, ao ser confrontado com as condições impostas pelos vencedores, especialmente o Artigo 231, a chamada "Cláusula da Culpa", no qual a Alemanha se responsabilizava por ter causado o conflito, von Brockdorff-Rantzau respondeu: "Sabemos que enfrentamos muita raiva aqui. Vocês exigem que confessemos que somos os únicos culpados dessa guerra, mas tal confissão seria uma mentira".

Mesmo assim, os alemães tiveram de engolir o acordo de paz. Em 28 de junho de 1919, exatamente cinco anos depois do assassinato do arquiduque Francisco Ferdinando, os Poderes Aliados firmaram com a Alemanha o Tratado de Versalhes, provavelmente, o mais importante dos tratados de paz assinados no final da Primeira Guerra Mundial.

Entre os termos do tratado, um dos mais principais – e controversos – era o que estabelecia que a Alemanha aceitava a responsabilidade por ter causado a guerra, juntamente com a Áustria e a Hungria, conforme também figurava nos tratados de paz assinados em separado por esses países, o de Saint-Germain-em-Lave e o de Trianon, já mencionados.

Wikimedia Commons

Brasão de armas da República de Weimar

A Alemanha se comprometia a pagar pesadas indenizações para os países aliado. Em 1921, o custo total dessas indenizações correspondia a 442 bilhões de dólares, conforme o câmbio de 2014, um valor que muitos economistas taxaram de excessivo e de contraproducente. Levaria, inicialmente, setenta anos para a Alemanha quitar essa dívida. Na verdade, o último pagamento dessas indenizações foi feito em 3 de outubro de 2010, embora, sob Hitler, o tratado tenha sido descumprido diversas vezes.

Não bastasse as indenizações, a Alemanha era obrigada a se desarmar, a devolver e a conceder territórios. O Tratado de Versalhes tirou cerca de 65 mil km2 de seu território, reduzindo sua população em sete milhões de pessoas. Também exigiu que a República de Weimar devolvesse as áreas conquistadas sob o tratado de Brest-Litovsk, assinado com a Rússia no ano anterior, e dava independência aos protetorados que tinha estabelecido. Para a Bélgica, cedeu o controle da área de Eupen-Malmedy e do Moresnet, cuja população passou a ter nacionalidade belga.

Como compensação por ter destruído minas de carvão francesas, a produção das minas de carvão do rio Saar seria inteira cedida à França durante 15 anos. A França também recebeu a região da Alsácia -Lorena, uma área anexada pelo Império alemão durante a guerra Franco-Prussiana, de 1870 a 1871.

A Alemanha também perdeu território para a Tcheco-eslováquia, reconheceu sua independência, bem como a da Polônia, além de renunciar todos os direitos que afirmava ter sobre seu território. Ademais, a Alemanha cedia área de Soldau e a Pomerânia para a Polônia, de forma que o novo Estado tivesse acesso ao mar, formando o que ficou conhecido como Corredor Polonês. A Alemanha cedeu, assim, perto de 52 mil quilômetros quadrados para a Polônia. Finalmente, a Alemanha passava a cidade de Danzig, importante porto no Báltico, hoje Gdansk, na Polônia, para a Liga das Nações estabelecer a Cidade Livre de Danzig. A cidade, cuja região englobava cerca de duzentas cidades menores, era uma forma de dar à Polônia um porto estratégico – apesar de o novo país não ter o controle completo do porto.

O DESMANTELO DAS FORÇAS ARMADAS

Os artigos do Tratado de Versalhes que trata das forças armadas alemãs impediam completamente que o país realizasse uma ação ofensiva. Até 21 de março de 1920, menos de um ano depois da assinatura do tratado, o exército alemão deveria ser reduzido a cem mil homens – suficiente apenas para resolver questões domésticas. As escolas para treinamento de oficias foram fechadas, exceto por três delas, uma escola para cada arma. A polícia foi reduzida para o mesmo número de policiais que tinha antes da guerra. O tratado exigia ainda que a recrutamento compulsório fosse abolido. Proibia a fabricação de armas, de aviões militares, de tanques de guerra, de comprar ou vender armamentos. A marinha alemã foi desmontada, reduzida a seis couraçados construídos antes da guerra, seis cruzadores leves, doze destroieres e doze torpedeiros. Como os u-boats afundaram cargueiros, vitimizando civis, a Alemanha foi proibida de ter qualquer submarino. O número de homens na marinha não poderia passar de quinze mil, que deveriam tripular a frota, patrulhar a costa, trabalhar nas estações de sinalização, além dos serviços administrativos, e o número de oficiais seria de, no máximo, 1,5 mil. Para reduzir a marinha alemã a esses números, os aliados tomaram da Alemanha oito couraçados, oito cruzadores leves, 42 destroieres, cinquenta torpedeiros e 32 cruzadores auxiliares, que tiveram suas armas retiradas e passaram a ser usados na marinha mercante.

O artigo 231 do tratado estabelecia que a Alemanha se responsabilizava pelas perdas e danos causados pela guerra. A partir de 1921, uma Comissão de Reparação analisaria os recursos da Alemanha para determinar o pagamento que o país faria, o que, em tese, dava ao governo alemão uma oportunidade de negociar o quanto podia pagar. Contudo, a Alemanha deveria pagar imediatamente o equivalente, hoje, a cinco bilhões de dólares em ouro, bens, navios e outros produtos e serviços.

Era uma verdadeira sangria. A economia alemã estava tão abalada depois da guerra que o país só conseguiu pagar um pequeno percentual das indenizações em dinheiro. Ainda assim, isso foi um grande golpe numa nação que teve grande parte de sua infraestrutura destruída no conflito. Não se pode culpar exclusivamente as pesadas indenizações pela hiperinflação que assolou os alemães nos anos 1920, mas certamente contribuíram muito para tanto.

> Como os u-boats afundaram cargueiros, vitimizando civis, a Alemanha foi proibida de ter qualquer submarino

Alemães de todas as orientações políticas manifestaram-se contra o tratado, especialmente a cláusula que responsabilizava a Alemanha pelo início da guerra – o que era visto como um insulto à honra da nação. O país se dividiu. Conservadores, nacionalistas e líderes militares condenaram ratificação do Tratado de Versalhes. Os setores da sociedade que apoiaram o acordo, socialistas, comunistas e os judeus, passaram a ser vistos como traidores.

A História acabou demonstrando que a pesada punição e os encargos abusivos foram inúteis. Não pacificaram a Alemanha, nem enfraqueceram o país. Tampouco conciliaram os interesses germânicos, os mesmos que levaram a Alemanha à guerra em 1914. Com efeito, o tratado de Versalhes acabou sendo uma das causas da Segunda Guerra Mundial quase vinte anos depois de ser assinado.

Wikimedia Commons

Ilustração do U-boat SM U-20 afundando o Lusitania

O BRASIL NA GUERRA

Até meados de 1917, três anos depois do início da Primeira Guerra Mundial, o governo brasileiro ainda se mantinha neutro. Mas a guerra na Europa suscitava debates acalorados por aqui

Wikimedia Commons

Lauro Müller, ministro das Relações Exteriores, era favorável à Alemanha

Na época, a maior influência cultural era francesa, por isso os intelectuais se colocaram contrários aos alemães. O crítico literário José Veríssimo, por exemplo, foi um dos mais fervorosos defensores dos Aliados

Houve, porém, vozes discordantes, como Lauro Müller, ministro das Relações Exteriores, descendentes de alemães e, favorável à Alemanha. Em São Paulo e nos estados da região Sul, onde grande parte da população é constituída de alemães e de seus descendentes, muitos ficaram ao lado dos Poderes Centrais.

Em 22 de maio, o navio Tijuca foi afundado próximo a Brest, no litoral norte da França. Imediatamente, o presidente Venceslau Brás solicitou que o Congresso Nacional votasse pela encampação dos navios mercantes alemães ancorados em portos brasileiros. O Congresso aprovou as medidas propostas. Era o fim da neutralidade brasileira.

O presidente da República Venceslau Brás declara guerra contra o Império alemão e seus aliados, em 1 de junho de 1917

De fato, os estrangeiros instalados no Brasil estavam bastante envolvidos com a guerra, mobilizando-se desde o início do conflito. Os imigrantes das diversas nacionalidades formavam colônias coesas. A solidariedade entre eles cresceu ainda mais com a Primeira Guerra Mundial. Muitos fazem campanhas de bônus de guerra, enviando dinheiro a seus países, como a quermesse promovida pela colônia italiana de São Paulo, para levantar fundos para a ampliação do Hospital Humberto Primo. Outra dessas manifestações aconteceu em fevereiro de 1916, quando várias colônias, lideradas pelo Comitato Pro-Patria feminino, organizaram uma quermesse em São Paulo para arrecadar fundos para os Exércitos de seus países de origem. O escritor Fábio Munhoz registrou que "a quermesse, com seus pavilhões coloridos e suas recepcionistas em trajes típicos, representou uma verdadeira festa para a cidade nos dias sombrios da guerra". Entres os imigrantes, houve também os que alistaram e voltaram à Europa para lutar. Em cidades e bairros de imigrantes, a guerra chegou a causar conflitos menores. As brigas entre imigrantes de países inimigos eram comuns.

Outros setores da sociedade, representados principalmente pelos operários, se opuseram à guerra. Em 26 de março de 1915 é criada a Comissão Popular de Agitação contra a Guerra. Nesse mesmo ano, em 1 de maio, o largo de São Francisco, em São Paulo, é palco de uma grande manifestação. Cinco mil pessoas se reúnem reivindicando "Abaixo a guerra, queremos a paz", dizem os cartazes expostos pelos participantes que distribuem O Manifesto Pela Paz. Fábio Munhoz sustenta que a manifestação era dirigida "aos trabalhadores e ao povo em geral", e que o texto enfatiza que as origens do conflito são as "rivalidades resultantes da política de expansão das grandes potências europeias: um puro jogo de interesses".

Mas os acontecimentos na Europa acabam por arrastar o Brasil para a guerra. Em 3 de abril de 1917, no canal da Mancha, o mercante brasileiro Paraná navegava lentamente, obedecendo a todas as exigências feitas às embarcações de nações neutras em época de conflito. Mas uma esquadra alemã pôs o navio a pique, a tiros de canhão. Três homens morreram. Oito dias depois, o Brasil rompeu relações diplomáticas com a Alemanha, mantendo, porém, a posição neutra.

Em 22 de maio, o navio Tijuca foi afundado próximo a Brest, no litoral norte da França. Imediatamente, o presidente Venceslau Brás solicitou que o Congresso Nacional votasse pela encampação dos navios mercantes alemães ancorados em portos brasileiros. O Congresso aprovou as medidas propostas. Era o fim da neutralidade brasileira.

Como consequência, Lauro Müller, ministro do Exterior e descendente de alemães, renunciou. Em

25 de outubro, novo ataque alemão: o navio Macau é afundado por alemães em águas espanholas. O público se revolta e o Governo brasileiro proclama, em 27 de outubro de 1917, o "estado de guerra, iniciada pelo Império alemão contra o Brasil".

Contudo, declarada a guerra, o Brasil hesitava em mandar reforços para os Aliados: "Que poderíamos nós fazer, não tendo navios mercantes disponíveis e uma Marinha de Guerra reduzida? (...) E, depois, se enviarmos tropas à Europa, como garantiremos nossa própria integridade contra os alemães e 'germanófilos' que temos no Sul?", perguntava o ministro da Guerra José Caetano de Faria.

As autoridades sentiam, de fato, que a grande quantidade de alemães no Brasil representava uma ameaça. As colônias alemãs no Sul passaram a sofrer crescentes pressões. Menos de um mês depois de declarar guerra à Alemanha, o governo brasileiro decretou o estado de sítio no Distrito Federal, Rio de Janeiro, São Paulo (regiões de intensas agitações políticas e operárias), Paraná, Santa Catarina e Rio Grande do Sul (regiões de grande concentração de imigrantes alemães). A medida foi provada "quase por unanimidade" pelo Congresso Nacional.

Em janeiro de 1918, o governo tomou as primeiras medidas para entrar na guerra. Foi criada a Força Aérea Brasileira, e um grupo de oficiais foi enviado à Itália, para estudar aviação. Enquanto isso, a França mandava para o Brasil oito técnicos em aeronáutica e 33 aviões.

Também foi organizada a Divisão Naval em Operações de Guerra (DNOG), composta de dois cruzadores, quatro destroieres, um cruzador auxiliar e um rebocador de alto-mar. Seu comando foi entregue ao contra-almirante Pedro de Frontin. A esquadra partiu de Fernando de Noronha em agosto de 1918, rumo à costa africana. Em Dacar, 156 tripulantes morreram vitimados pela "gripe espanhola". Outra parte da esquadra foi enviada a Gibraltar, protagonizando

O cruzador Bahia, que participou do patrulhamento de águas aliadas

Wikimedia Commons

> A participação mais ativa do Brasil no conflito se deu, de fato, por meio do envio de médicos para atuarem nas frentes de batalha. Em agosto de 1918, partiu para a França a missão médica brasileira composta por 86 médicos, chefiada por Nabuco Gouveia e orientada pelo general Napoleão Aché

um episódio que mostra bem a pouca familiaridade dos brasileiros com a guerra moderna. Na viagem para Gibraltar, os brasileiros abriram fogo sobre um cardume de toninhas, pensando serem submarinos alemães. A gafe passou para a história da Marinha Brasileira como a Batalha das Toninhas. Foi a maior ação da nossa força naval. No dia seguinte à chegada da Divisão brasileira a Gibraltar, os brasileiros foram notificados do armistício. A guerra tinha terminado.

A participação mais ativa do Brasil no conflito se deu, de fato, por meio do envio de médicos para atuarem nas frentes de batalha. Em agosto de 1918, partiu para a França a missão médica brasileira composta por oitenta e seis médicos, chefiada por Nabuco Gouveia e orientada pelo general Napoleão Aché.

A guerra terminou pouco depois da chegada dos reforços enviados pelo Brasil. No início de 1919, as atenções do mundo todo se voltaram para a Conferência de Paz de Paris. De janeiro a junho daquele ano, o histórico Palácio de Versalhes abrigou delegações de 27 países, incluindo o Brasil. Contudo, a participação brasileira na Conferência não teve maior significância. Como sempre, foi uma farra paga com dinheiro público. Junto aos dez delegados oficiais, embarcaram suas respectivas famílias, assessores, convidados e acompanhantes, quase lotando o navio que zarpou do Rio rumo à França.

A Conferência produziu o Tratado de Versalhes. Contendo 440 artigos, apenas dois deles se referiam a interesses brasileiros. Num, a Alemanha se via obrigada a pagar 125 milhões de marcos correspondentes a um milhão e oitocentas e cinquenta mil sacas de café que aquele país havia destruído nos ataques a navios mercantes brasileiros. Em outro, concedia-se ao Brasil o direito de pagar, a preços antigos e, portanto, menores, os setenta navios alemães que a nossa marinha apreendera em portos nacionais.

CONSEQUÊNCIAS

O Tratado de Versalhes impôs duras condições aos perdedores. A Alemanha, mergulhada em dívidas, fecha-se em torno do Nacional Socialismo; na Itália, Benito Mussolini funda o fascismo, que irá influenciar fortemente o nazismo. A Europa prepara-se para uma próxima guerra

O primeiro livro, *Os Marcos do Desastre*, da grandiosa obra em seis volumes Memórias da Segunda Guerra Mundial (publicado no Brasil pela editora Nova Fronteira), de Winston S. Churchill, narra os acontecimentos na Alemanha e ascensão do nazismo sob o ponto de vista dos britânicos. Logo na abertura do livro, Churchill conta que, respondendo ao presidente Roosevelt sobre como este deveria se referir à Segunda Guerra, o premiê britânico respondeu de pronto: "a guerra desnecessária". E explica. "Nunca houve uma guerra mais fácil de se impedir do que essa que acaba de destroçar o que havia restado do mundo após o conflito anterior". Churchill estava realmente convicto disso. No primeiro capítulo da sua obra, apropriadamente intitulado A Insensatez dos Vencedores, ele relata a situação da Alemanha após a Primeira Guerra e demonstra como as condições que os vencedores impuseram ao país levaram a um novo embate militar. A tamanha humilhação pela qual a Alemanha passava ufanou os brios do seu povo, a ponto de os alemães apoiarem uma figura como Adolf Hitler, que prometia com tanta convicção liderar o país rumo à conquista do seu verdadeiro espaço no mundo.

A Alemanha saiu da Primeira Guerra "derrotada, desarmada e faminta". O país líder da agressão era considerado por todos como a causa primordial da catástrofe que a Europa enfrentara. Só a França havia perdido 1,5 milhões de soldados para se defender. E os problemas entre a França e a Alemanha eram históricos. Em cerca de cem anos, os franceses foram atacados e quase invadidos pelos prussianos cinco vezes – em 1814, 1815, 1870, 1914 e 1918. Além disso, a população da Alemanha era quase três vezes maior que a da França, o que possibilitaria uma possível tentativa futura de dominação. Assim, os temerosos franceses valeram-se da sua participação no Tratado de Versalhes para evitar a esperada futura invasão, espremendo o inimigo ao máximo.

Em termos políticos, a situação não era grave. Os americanos, antipatizando naturalmente com a monarquia, influenciaram a deposição do kaiser e a fundação de uma república em Weimar. Mas a República de Weimar, "com todos os seus adornos e bênçãos liberais" – conforme Churchill colocou –, era vista pelos setores conservadores alemães como uma imposição do inimigo – algo que ofendia o brio germânico. "Para muitos patriotas alemães, a república (de Weimar)

Wikimedia Commons

Winston Churchill condenava as imposições feitas à Alemanha depois da Primeira Guerra

O glamour de Berlim, aqui retratado em 1913 por Ernst Ludwig Kirchner, deu lugar à decadência depois da guerra

era uma afronta desde o início, uma vez que só existia porque a Alemanha fora derrotada", colocou o historiador J.M. Roberts. O arranjo político não tinha como preservar a fidelidade ou o imaginário do povo alemão.

Para completar o caos vivido pelos alemães depois da Primeira Guerra, a situação econômica se tornou insustentável. Com a desorganização política e financeira do país, bem como pela necessidade de pagar compensações de guerra entre 1919 e 1923, o que levou a uma enorme impressão de papel-moeda, o marco – a moeda nacional da Alemanha – entrou em colapso. Nos estágios finais da inflação, uma libra esterlina correspondia a 47 trilhões de marcos. As consequências sociais, econômicas e políticas dessa inflação foram extensas, marcando profundamente a década de 1920. Com seis milhões de desempregados, a poupança da classe-média foi devastada. Isso criou uma legião de seguidores naturais do nacional-socialismo – a doutrina política que começava a se esboçar como solução para a catástrofe que assolava o país. Todo o capital de giro desapareceu da Alemanha, o que levou à contratação de empréstimos em larga escala. "O sofrimento e a amargura alemães marchavam juntos", descreveu Churchill.

A ASCENSÃO DO NACIONALISMO

Devido à situação insustentável, o país se dividiu. Os setores da sociedade que apoiaram a assinatura do tratado e o fim da guerra começaram a ser vistos como traidores. Sobre aqueles que se beneficiaram com a proclamação da república, dizia-se que tinham "apunhalado a Alemanha pelas costas". De fato, essa ideia tomou corpo e acabou ganhando contornos de mito.

Os conservadores recusavam-se a acreditar que a Alemanha tinha perdido a guerra. Em lugar disso, afirmavam que alguns setores da sociedade civil, especialmente os republicanos, comunistas e os judeus, traíram o país causando sua derrota. O mito da traição da Alemanha surgiu por conta do fato de a Alemanha ter se rendido quando ainda controlava território francês e belga. Além disso, no front oriental, a Alemanha tinha ganhado a guerra contra a Rússia, com a assinatura do Tratado de Brest-Litovsk. Da mesma forma, muitos alemães entendiam que o fracasso da Ofensiva da Primavera devia-se às greves promovidas pelos operários das indústrias de armamentos no momento mais crítico da Ofensiva de Primavera – o que deixou os soldados sem suprimentos adequados. Os nacionalistas acusavam os traidores da pátria – isto é, os judeus, marxistas e os republicanos – de terem instigado as greves.

Uma das vozes mais elevadas no coro que sustentava a teoria da traição da Alemanha era a do General Erich Ludendorff, que, juntamente com Paul von Hindenburg, liderou o exército do kaiser durante o conflito. Ludendorff culpava o governo da nova República de Weimar e a população civil pela rendição, acusando-os de terem-no deixado sem recursos quando mais precisava. O velho general classificava a atitude dos civis de "punhalada nas costas" e aqueles que apoiaram a assinatura do Tratado de Versalhes de "Criminosos de Novembro", em referência ao mês que a Alemanha assinou o armistício com os aliados. E os termos pegaram.

Mais que isso, a ideia de traição doméstica não apenas fixou-se entre o público alemão, como também levou a opinião pública a apoiar o Partido Nacional Socialista de Hitler. Os judeus foram considerados os bodes expiatórios para justificar a derrota. Logo depois da guerra, durante a Revolução Alemã, que durou de novembro de 1918 a agosto de 1919, instaurou-se a República Soviética Bávara – uma tentativa de estabelecer-se o regime comunista na Bavária que implicava sua separação do resto da Alemanha. A república durou apenas quatro semanas, antes de Munique, capital da Bavária, cair. Muitos dos líderes da República Soviética Bávara eram judeus, o que levou a propaganda de direita a acusar todos os judeus de comunistas, isto é, de traidores.

Em seu artigo *Myths, Guilt and Shame in Pre-Nazi Germany* (Mitos, Culpa e Vergonha na Alemanha Pré-Nazista), Richard Hunt sugere que, por trás do mito da "punhalada nas costas" havia um sentimento de vergonha, não por ter causado a guerra, mas por tê-la perdido. Hunt argumenta qùe a psicologia nacional alemã foi afetada pela desonra da derrota. Segundo o autor, essa disposição "serviu como um solvente para a democracia de Weimar e, da mesma forma, como um cimento ideológico para a ditadura de Hitler".

Nem mesmo Matthias Erzberger, ministro das Finanças entre 1919 e 1920, foi poupado. Erzberger, membro do Zentrumspartei, o Partido do Centro, ligado à ala católica, desde 1917 defendia o final da guerra e foi o representante da Alemanha que assinou o documento de armistício, por parte dos Alemães. Por conta disso, foi assassinado por terroristas da direita, que o tinham como traidor.

Nesse quadro, no qual os valores mais intrínsecos dos alemães haviam sido esmagados, abriu-se um espaço, logo ocupado, nas palavras de Winston Churchill, o premiê britânico durante a Segunda Guerra, por "um maníaco de índole feroz, repositório e expressão dos mais virulentos ódios que jamais corroeram o coração humano – o cabo Hitler".

Wikimedia Commons

Matthias Erzberger, o representante da Alemanha que assinou o documento de armistício, foi assassinado por terroristas da direita

O FASCISMO

Benito Mussolini, o ditador da Itália entre 1925 e 1943, foi o inventor do fascismo, um regime que viria a inspirar o nazismo e incendiar a Europa na pior guerra que assolou o continente. Influenciado por Hitler, mergulhou seu país numa grande crise. Os italianos, porém, não esqueceram o responsável pelo desastre.

Benito Amilcare Andrea Mussolini nasceu em 29 de julho de 1883, em Predappio, no Norte da Itália. Filho de um ferreiro e vivendo numa aldeia sem perspectivas futuras, Benito emigrou para a Suíça em 1902. Nesse país, o jovem teve contato com movimentos socialistas. Quando voltou para a Itália, dois anos depois, começou a atuar como jornalista na imprensa socialista, destacando-se aos olhos das autoridades por conta das suas investidas contra o clero.

Em setembro de 1915, foi convocado pelo exército italiano. Durante a Primeira Guerra, Mussolini foi um soldado exemplar, embora não tenha se destacado pelo heroísmo. Muitos acreditam que ele não foi promovido durante sua pesagem pelo exército apenas por causa dos cáusticos textos revolucionários que publicara como jornalista antes do conflito. Mas sua carreira militar foi breve, interrompida pela explosão de um morteiro na trincheira onde lutava. Ferido, foi internado em um hospital e deu baixa em agosto de 1917.

Apesar de voltar a escrever e a editar jornais socialistas, depois da guerra, Mussolini se afastou dessa orientação política. Em 1918 ele já anunciava a necessidade de um líder "forte e enérgico o bastante para fazer uma limpeza" na Itália. Em alguns discursos que pronunciou naquele ano, o jornalista dava a entender que ele era esse homem capaz de devolver a ordem ao país. E para dar ação às palavras, em março de 1919, Mussolini fundou o Partido Fascista, o qual contou desde o início com o apoio de veteranos de guerra desempregados.

O futuro ditador organizou seus correligionários em esquadrões armados, logo apelidados de "camisas negras" por conta de seu uniforme. A estratégia política era tão simples como brutal: intimidar os adversários pela força. Socialistas, anarquistas e comunistas eram aterrorizados sem a menor interferência do governo. A truculência surtiu efeito, e o Partido Fascista Nacional, com Mussolini à sua testa, conquistou terreno. Em 1921, o líder do o partido – e mais 35 correligionários – foi eleito para a Câmara dos Deputados pela primeira vez.

O ano seguinte foi conturbado para o país. Dividida entre as diversas e divergentes orientações políticas, por volta de outubro, a Itália parecia prestes a mergulhar no caos que assombrava toda a península. Numa demonstração de força e disciplina, os Camisas Negras marcharam pelas ruas de Roma. Mussolini se apresentou como o único homem capaz de restaurar a ordem. O rei Victor Emanuel negou seu apoio ao então primeiro-ministro Luigi Facta e empossou Mussolini no cargo. O líder fascista tinha o apoio dos militares, da burguesia e da direita liberal.

Como primeiro-ministro, Mussolini manobrou em causa própria. Usando a característica arma da intimidação, gradualmente desmontou as instituições que garantiam a democracia. Em 1925, diante dos protestos que a oposição fazia à violência dos Camisas Negras, Mussolini aproveitou a desordem e se declarou ditador com poderes absolutos, adotando o título de Il Duce, ou "o condutor". A milícia do Duce garantiu a ditadura à força, atacando e espancando qualquer um que ousasse se opor a ela. O regime que Il Duce impôs à Itália se caracterizou pelo forte controle do Estado sobre todos os aspectos da vida do país e pelo culto à personalidade do ditador. Sem ter um programa definido, o fascismo acabou evoluindo num sistema político que combinava o totalitarismo, o nacionalismo, o anticomunismo, o anticapitalismo e o antiliberalismo, dando forma a um Estado que procurava unir todas as classes através de um sistema corporativista, batizado de Terceira Via. Nesse sistema, o Estado assumia controle de áreas-chave da economia

Wikimedia Commons

Mussolini em 1917, durante a Primeira Guerra

Wikimedia Commons

Mussolini (ao centro), durante a Marcha de Roma

e da produção industrial. Em 1935, segundo declaração do próprio ditador, três quartos de todas as empresas italianas pertenciam ao Estado.

Mussolini era uma espécie de ditador-biônico, daqueles que assumem vários ministérios simultaneamente. Em certas ocasiões, o Duce chefiava até oito pastas ao mesmo tempo, além de encabeçar a polícia secreta fascista, a OVRA, que criou assim que chegou ao poder. Mestre da propaganda política, Mussolini não hesitou em lançar mão de seu treinamento como jornalista para convencer os italianos – e o mundo – de que o fascismo era a doutrina definitiva, destinada a suplantar o liberalismo e a democracia como forma mais evoluída de governo. Jornais, rádios, filmes, mudanças nos programas educacionais eram usados para ufanar Il Duce.

A política internacional de Mussolini buscava projetar a Itália como potência tanto no cenário europeu como no mundial. Para tanto, escolheu a via do imperialismo. Em 1935, depois de atacar Corfu, na Grécia e submeter esse país às suas exigências, Mussolini invadiu a Abssínia, atual Etiópia, e a incorporou ao Império italiano que tencionava formar. A campanha etíope foi bárbara. O Duce autorizou o uso de gás mostarda e o massacre indiscriminado da população para evitar qualquer oposição. Rebeldes eram lançados de aviões em pleno voo; outros tinham seus corpos mutilados pelos italianos.

Durante a Guerra Civil Espanhola, Mussolini forneceu apoio militar a Franco, ajudando a consolidar o franquismo. Sua colaboração com a Alemanha nazista culminou, em 1939, com o Pacto de Aço, o qual criou o "eixo" Roma-Berlim. Influenciado por Hitler, o ditador italiano introduziu uma legislação antissemita em seu país. A nova lei impedia que os judeus ocupassem cargos no governo e que se cassassem com italianos. Em abril 1939, perseguindo seus ideais imperiais, invadiu a Albânia, antes mesmo de Hitler tomar a Polônia, o que viria a acontecer em setembro daquele ano – evento que lançou a Europa na guerra. Foi só em junho de 1940 que Mussolini declarou guerra à Grã-Bretanha e à França. O Duce não tinha, porém, cacife para enfrentar os inimigos. Seu exército foi prejudicado pela falta de suprimentos. A Itália entrou no conflito quase sem tanques. Havia poucos uniformes, alimentos e veículos. Faltavam matérias-primas para as fábricas italianas produzirem as armas e munições necessárias para os combates. Apesar das vitórias iniciais, os italianos amargaram uma série de derrotas na África Oriental e nas Bálcãs.

Em julho de 1943, as tropas aliadas tomaram a Sicília. Prevendo o fim eminente, os membros do seu próprio governo imediatamente destituíram e prenderam Mussolini. Em setembro, a Itália assinava um armistício com os aliados. O exército se dissolveu, mas alguns italianos decidiram continuar uma guerra de partisans, isto é, de forças irregulares, contra a Alemanha.

Esse, porém, não era o ato final do Duce. Ele voltaria à cena, ainda que brevemente. Em resposta à invasão das forças aliadas, o exército alemão também começou a ocupar a Itália. Nesse processo, Mussolini foi libertado pelos alemães e recolocado como líder do novo Estado sustentado pelos nazistas, a República Socialista Italiana. Mas Duce não tinha poder. Era apenas um títere colocado a serviço dos nazistas num país em ruínas. Durante o pouco tempo em que recuperou o poder, não fez mais do que executar os antigos associados que o traíram, entre eles seu genro Galezzo Ciano, e escrever suas memórias. Conforme os aliados avançavam através da península itálica, Mussolini e sua amante Clara Petacci tentaram fugir para a Suíça, mas foram capturados por partisans italianos e fuzilados em 28 de abril de 1945. O corpo de Mussolini e o da amante foram levados a Milão e, depois de pendurados em ganchos de açougue, expostos em praça pública, onde foram apedrejados, escarrados, violados. Os italianos descontaram no cadáver o a destruição de seu país por um líder irresponsável.

Wikimedia Commons

O cabo Adolf Hitler, durante a Primeira Guerra

O PARTIDO NAZISTA

Depois do final da Primeira Guerra, diversas organizações paramilitares de caráter ultraconservador e de extrema direita surgiram na Alemanha em função, principalmente, do desemprego, da inflação aviltante e fundamentalmente em oposição à esquerda contrária à manutenção de uma Alemanha unificada. Organizações como os Stahlem, isto é, Capacetes de Aço, a Einwohnerwehr, ou Força para a Defesa do Cidadão, e a feroz Freikorps, integrada por ex-combatentes frustrados e sedentos de vingança pela derrota que sofreram na Primeira Guerra, formavam-se para defender seus ideais e confrontar aqueles que julgavam ser os traidores da pátria.

Naquele estado de coisas, as disputas políticas eram resolvidas à bala e venciam os mais fortes, mais organizados e mais bem armados. Logo após o término da Primeira Guerra, a Alemanha se viu à beira de uma guerra civil entre os comunistas e a extrema direita. Durante um curto período, em 1919, os comunistas exerceram forte influência em Munique e em toda Baviera. Isso levou a combates entre os marxistas e os Freikorps apoiados por unidades da Reichswehr. A "Revolta Esparquista", como foi chamada a tentativa da esquerda de tomar o poder e separar a Baviera do resto da Alemanha, começou quando as milícias de esquerda ocuparam os escritórios do jornal socialdemocrata Vorwäts. Depois de vários dias de combates nas ruas de Munique, os Freikorps acabaram com a revolta com um banho de sangue: centenas de rebeldes foram mortos e vários líderes comunistas, assassinados.

Nesse estado de coisas, surgiu, um homem que atraiu para si a liderança da Alemanha. Em 1919, o cabo veterano da Primeira Guerra Adolf Hitler recebeu uma ordem que mudaria drasticamente a história do século XX. Ele havia sido designado para assistir a uma série de aulas sobre doutrinação política. A intenção do programa era combater a crescente influência comunista que se espalhava em toda Alemanha, especialmente em Munique e na Baviera, onde Hitler servia. No entanto ele não foi seduzido pela ideologia, da qual já era convicto, mas pelas aulas de retórica, que faziam parte do curso. Foi uma descoberta, o reconhecimento de um dom.

Os discursos que o cabo fazia aos outros membros do Reichswehr durante o curso que ministrava eram emocionais, carregados de fúria. O cabo Hitler aprendeu a dominar a plateia, a explorar seu medo e a transforma-lo em raiva, a despertar nela a emoção que bem entendesse. E o artista frustrado finalmente encontrou sua arte: a retórica. Era um mestre e sabia disso. "No transcurso de meu palavreado, reconquistei para a nação e a pátria não direi centenas, mas milhares de camaradas", registrou Hitler no Mein Kampf. E ele não estava sendo imodesto. O chefe da chancelaria de Hitler, Philipp Bouhler, afirmou que o nazismo "só triunfou porque Adolf Hitler estava no comando", pois "ele é o movimento, uma vez que incorpora em sua pessoa a ideia do nacional-socialismo".

Hitler, em 1930

Wikimedia Commons

Em 12 de setembro de 1919, o cabo Hitler foi enviado como observador a um comício, do qual, entre outros, participaria o pequeno Partido Nacional-Socialista dos Trabalhadores Alemães. Um entediado Hitler ouviu às propostas políticas dos oradores, que buscavam nada além de celebrar uma paz verdadeira com os vencedores. De repente, porém, o tédio de Hitler deu lugar a um ódio inflamado, quando um dos discursadores começou a defender a separação da Baviera do resto da Alemanha. "Em vista de tais coisas, não me restou mais que solicitar permissão para falar e comunicar àqueles doutos cavalheiros minha opinião sobre o particular", registrou Hitler sobre o acontecimento. E ele o fez com tanta fúria – ou "êxito", nas suas palavras – que "antes de concluir o meu discurso, o orador havia fugido do edifício como um cachorro com o rabo entre as pernas".

Wikimedia Commons

O discurso de Hitler foi tão inflamado que o líder do Partido Nacional-Socialista dos Trabalhadores Alemães (NSDAP), Anton Dexler, que participava do comício, viu em Hitler a pessoa que buscava para promover o ainda pequeno partido. Imediatamente, aproximou-se do cabo e disse à queima-roupa que as portas do partido estariam abertas a alguém com uma oratória tão surpreendente quanto a dele. Hitler não respondeu de imediato, mas alguns dias depois foi à sede do partido e se afiliou. Não só isso. Com sua característica energia, ele passou a se dedicar de corpo e alma ao partido – e, através deste, a si mesmo. Hitler sempre reconheceu o incrível domínio que ele exercia sobre os outros, e aquela era a oportunidade que ele buscava. Dessa vez, diferentemente de quando ele tentou ser artista, todos os vetores convergiam a seu favor.

A força da convicção que imprimia nos seus ouvintes o catapultou. Em 1921, apenas três anos depois que se afiliou, Hitler se tornou presidente do NSDAP. Na verdade, mais que isso, Hitler se tornou o próprio partido.

O magnetismo de Hitler à frente da NSDAP acabou conquistando uma verdadeira legião de seguidores. Cada vez mais, Hitler passava a assumir uma atitude messiânica que incendiava uma Alemanha sem rumo e sem esperança. Gradativamente, ele surgia como o grande líder que tiraria o país da crise. E Hitler, que no início da sua atividade política se via apenas como um profeta, um João Batista, a preparar o caminho e a anunciar a vinda do grande salvador que traria a redenção do povo alemão, começou a acreditar que, de fato, ele era esse líder. A partir de então, a loucura dominou o Partido Nacional-Socialista dos Trabalhadores Alemães.

Os membros da SA passaram a realizar um juramento de fidelidade e de lealdade não à doutrina nacional-socialista, ou à Alemanha, mas sim a Hitler. Isso ficou patente com a saudação que passou a ser usada a partir de 1926: "Heil Hitler!", isto é "Salve Hitler!". Dessa forma, aquele cabo do exército derrotado, ex-artista frustrado, indigente, pintor de parede, desertor das forças austríacas, mas herói de guerra e dono de uma eloquência impressionante, se viu transformado em algo até mesmo maior que o líder absoluto do Nacional-socialismo. Hitler era tido por toda Alemanha como o próprio Partido Nacional-Socialista. Ele acabou ultrapassando as fronteira da Baviera e passou a ser cultuado em todo o país. De acordo com o psicólogo e escritor Pablo Jiménes Cores, foi essa devoção a Hitler em âmbito nacional que "contribuiu determinante para alimentar sua autoconfiança e sua tendência natural à egolatria, ao despotismo e à megalomania". Faltava apenas tomar o poder em suas próprias mãos, o que aconteceu em 1933. A partir de então, os nazistas conduziram a Alemanha e o mundo a uma nova guerra.

AS PRINCIPAIS BATALHAS DA GUERRA

1914

- **Batalha de Liège (4 a 16 de agosto)** – o confronto inaugural da Primeira Guerra Mundial foi a Batalha de Liège, que marcou a abertura da ofensiva alemã, a invasão da Bélgica. O ataque à cidade começou a 5 de Agosto de 1914 e terminou no dia 16 de Agosto quando o último forte belga se rendeu.
- **Batalha das Fronteiras (14 a 24 de agosto)** – série de batalhas travadas ao longo da fronteira oriental da França e sul da Bélgica, logo após o início das agressões. A batalha foi vencida pelos alemães que invadiram o Norte da França através da Bélgica.
- **Batalha de Stallupönen (17 de agosto)** – a Batalha de Stallupönen, travada em 17 de agosto entre os exércitos russo e alemão, foi a primeira batalha ocorrida na frente oriental da Primeira Guerra Mundial. A vitória alemã atrasou o cronograma do planejamento russo.
- **A batalha de Morhange**, parte da Batalha das Fronteiras.
- **Batalha das Ardenas (21 a 23 de agosto)** – parte da Batalha das Fronteiras, a Batalha das Ardenas um dos primeiros engajamentos da Primeira Guerra Mundial e ocorreu entre 21 e 23 de agosto de 1914.
- **Batalha de Mons (23 de agosto)** – a Batalha de Mons, parte da Batalha das Fronteiras, foi o primeiro grande combate da Força Expedicionária Britânica (BEF) na Primeira Guerra Mundial.

Tropas belgas defendem um subúrbio Herstal, nas proximidades de Liège

Wikimedia Commons

Wikimedia Commons

Soldados russos a caminho do front

- **Batalha de Tannenberg (23 de agosto a 2 de setembro)** – a Batalha de Tannenberg, travada na Prússia Oriental entre os exércitos alemão e russo, foi vencida pelas forças alemãs que cercaram e destruíram as tropas do czar que tinham invadido a Prússia Oriental.

- **Batalha de Krasnik (23 a 25 de agosto)** – na Batalha de Krasnik, encetada na frente oriental da Primeira Guerra Mundial, o 1º Exército Austro-húngaro enfrentou e derrotou o 4º Exército Russo. Foi a primeira vitória da Áustria-Hungria na Primeira Guerra Mundial.

- **Cerco a Maubeuge (24 de agosto a 7 de setembro)** – o Cerco a Maubeuge teve como resultado a rendição das guarnições francesas às tropas alemãs.

- **Batalha de Le Cateau (26 a 27 de agosto)** – a Batalha de Le Cateau foi travada após a retirada das tropas britânicas, francesas e belgas da Batalha de Mons; os aliados buscavam estabelecer posições defensivas no Norte da França.

- **Batalha de Saint-Quentin (29 a 30 de agosto)** – a Batalha de Saint-Quentin, também chamada de Batalha de Guise, foi travada entre tropas alemãs e francesas num dos primeiros confrontos da Primeira Guerra Mundial, durante a retirada dos aliados de Le Cateau.

- **Primeira Batalha do Marne (5 a 12 de setembro)** – a vitória franco-britânica sobre a Alemanha nessa batalha foi um dos momentos decisivos da Primeira Guerra Mundial.

- **A CORRIDA PARA O MAR (c. 17 de setembro a 19 de outubro)** – a corrida para o mar foi um momento de estagnação no avanço tanto dos aliados como dos alemães ocorrido depois da Primeira Batalha do Marne. A natureza das operações mudou para a guerra de trincheiras numa linha de frente que se estendia por mais de três mil quilômetros.

Prisioneiros russos após a Batalha de Tannenberg

Wikimedia Commons

- **Batalha do rio Drina (6 de setembro a 4 de outubro)** – a Batalha do rio Drina terminou com uma vitória austro-húngara sobre a Sérvia.

- **Batalha de Cer (16 e 19 de agosto)** – a Batalha de Cer ou Batalha de Jadar foi uma das duas tentativas frustradas de o Império austro-húngaro invadir a Sérvia no primeiro ano da Primeira Guerra Mundial. Foi também a primeira derrota das Potências Centrais no conflito.

- **Primeira Batalha dos Lagos Masurianos (9 a 14 de setembro)** – confronto travado na frente oriental durante as fases iniciais da Primeira Guerra, terminou com a expulsão do I Exército Russo da Prússia Oriental. Apesar de não ser tão devastadora quanto a Batalha de Tannenberg, que ocorreu uma semana antes, foi suficiente para atrapalhar os planos da Rússia para a primavera de 1915.

- **Cerco a Antuérpia (28 de setembro a 10 de outubro)** – nesse confronto entre as forças alemãs contra as tropas belgas, britânicas e francesas, o exército alemão cercou uma guarnição de tropas belgas, o exército terrestre belga e a Divisão Naval Britânica na região de Antuérpia, depois da invasão da Bélgica em agosto de 1914. Mas as tropas belgas conseguiram interromper os planos alemães para enviar tropas para França.

- **Batalha do rio Vístula ou Batalha de Varsóvia (29 de setembro a 31 de outubro)** – a Batalha do Rio Vístula terminou com uma vitória da Rússia sobre o Império alemão na frente oriental.

- **Primeira Batalha de Arras (1 a 4 de outubro)** – a Batalha de Arras foi uma tentativa de o exército francês flanquear o alemão e assim evitar que este avançasse até ao Canal da Mancha durante a Corrida para o Mar. Contudo, os franceses não tiveram sucesso e perderam Lens, em 4 de outubro, permitindo que os alemães avançassem mais para norte, em direção a Flandres.

- **Primeira Batalha de Ypres (19 de outubro a 22 de novembro)** – a Primeira Batalha de Ypres foi a última grande batalha do primeiro ano da Grande Guerra. Diante da estagnação da guerra de trincheiras, o Alto-Comando alemão decidiu lançar uma última ofensiva no outono de 1914. O objetivo da operação era romper o dispositivo inimigo, e assegurar dessa forma a vitória sobre os aliados. Isso, porém, não ocorreu. Mais de 100 mil homens do Exército alemão, entre os quais muitos de seus comandantes, pereceram. Nenhum avanço significativo foi realizado em nenhum dos ataques empreendidos, e a frente se manteve estável no corte do Rio Yser e de seu canal ao sul.

Tropas sérvias a caminho da batalha de Drina

Wikimedia Commons

Wikimedia Commons

Tropas alemãs tomando a cidade de Lodz

- **Batalha de Yser (16 a 31 de outubro)** – a linha dessa batalha teve uma extensão de 35 quilômetro ao longo do rio Yser e do canal Yperlee, na Bélgica. A linha da frente foi defendida por um forte contingente do exército belga, que conseguiu deter o avanço alemão, apesar de pesadas baixas. A vitória permitiu que os belgas detivessem o controle de uma pequena parte do território, fazendo do rei Alberto um herói nacional.
- **Batalha de Coronel (1 de novembro)** – batalha naval ocorrida na costa chilena, próximo à cidade de Coronel. A Marinha Imperial alemã, comandada pelo vice-almirante Maximilian von Spee, encontrou e derrotou um esquadrão da Marinha Real britânica, comandado pelo contra-almirante Christopher Cradock. O choque causado pela derrota britânica levou o Reino Unido a enviar mais navios ao oceano Pacífico.
- **Batalha de Lodz (11 de novembro a 6 de dezembro)** – travado perto da cidade de Lodz, na Polônia, o combate ocorreu entre o Nono Exército alemão e o Primeiro, Segundo e Quinto Exércitos russos, em terríveis condições de inverno, terminando em vantagem para os alemães.
- **Batalha de Kolubara** – na Batalha de Kolubara, travada entre forças da Sérvia e da Áustria-Hungria, os sérvios saíram vitoriosos, repelindo o exército austro-húngaro para além das suas fronteiras.
- **Batalha das Malvinas (8 de dezembro)** – depois de perder a Batalha de Coronel para os alemães em 1 de novembro, os britânicos enviaram uma grande força no encalço do esquadrão inimigo. O encontro resultou na Batalha das Malvinas, uma vitória significativa da Marinha Real Britânica.
- **Batalha de Givenchy (18 a 22 de dezembro)** – parte da Primeira Batalha de Champagne, os combates travados ao redor do vilarejo de Givenchy contaram com apoio de tropas indianas.
- **Primeira Batalha de Champagne (20 de dezembro)** – esta batalha foi o primeiro ataque significativo das tropas aliadas contra os alemães desde o início da guerra de trincheiras, estabelecida depois da Corrida para o Mar.
- **Batalha de Sarikamish (22 de dezembro de 1914 a 17 de janeiro de 1915)** – travada na frente oriental entre os exércitos dos Impérios russo e otomano, parte da Campanha do Cáucaso, a Batalha de Sarikamish resultou na vitória dos russos. As forças otomanas, mal preparadas para as condições do inverno, sofreram pesadas baixas.

1915

- **Batalha de Dogger Bank (24 de janeiro)** – a batalha naval travada no Banco de Dogger, no Mar do Norte, entre esquadrões britânicos e alemães, culminou com uma importante vitória britânica. Enquanto os vencedores não perderam nenhum navio e sofreram poucas baixas, os alemães perderam o cruzador Blücher e a maior parte de sua tripulação.

- **Batalha de Neuve Chapelle (10 a 13 de março)** – a Batalha de Neuve Chapelle foi uma ofensiva britânica na região de Artois que rompeu as defesas alemãs em Neuve Chapelle; mas os britânicos não souberam explorar a vantagem que obtiveram.

- **Segunda Batalha de Ypres (22 de abril a 25 de maio)** – a série de batalhas travadas entre tropas da França, Reino Unido, Austrália e Canadá contra o Império alemão testemunhou o uso pela primeira vez de gás clorídrico como arma de guerra, lançado pelas forças alemãs. Também foi a primeira vez em que forças coloniais (canadenses e australianos) enfrentaram uma potência europeia em solo europeu.

- **Campanha de Galípoli (25 de abril de 1915 a 6 de janeiro de 1916)** – a Campanha de Galípoli, também chamada de Batalha ou Campanha dos Dardanelos, teve lugar na península de Galípoli, na Turquia. Foi uma das campanhas mais sangrentas da guerra. Forças britânicas, francesas, australianas e neozelandesas desembarcaram em Galípoli, numa tentativa de invasão da Turquia e captura do estreito de Dardanelos, mas a tentativa falhou, com pesadas baixas para ambos os lados. Os aliados se retiraram entre dezembro de 1915 e janeiro de 1916. As divisões ANZAC (Australian and New Zealand Army Corps) foram especialmente afetadas e acusaram os oficiais britânicos de arrogância, crueldade e inaptidão – atitudes que levaram ao fracasso da campanha.

- **Ofensiva Gorlice-Tarnów (1 de maio a 18 de setembro)** – a Ofensiva Gorlice-Tarnów foi inicialmente concebida coma uma ação alemã para aliviar a pressão da Rússia sobre os austro-húngaros na frente oriental e acabou resultando no total colapso das linhas russas. A série contínua de operações durou a maior parte da campanha de 1915, começando no início de maio e só terminando devido ao mau tempo em outubro.

A Segunda Batalha de Ypres em pintura de Richard Jack (1866-1952)

Wikimedia Commons

A logística é um elemento essencial para garantir a vitória nas grandes batalhas. Aqui, a estação de reabastecimento francesa em Sainte-Menehould, durante a Batalha de Champagne

- **Segunda Batalha de Artois (9 a 15 de maio)** – a Segunda Batalha de Artois teve como objetivo a recaptura por parte dos aliados de uma posição defensiva estabelecida em 1914 pelos alemães entre Rheims e Amiens, o que ameaçava as comunicações entre Paris e o Norte da França. Um avanço francês em Artois poderia cortar as linhas ferroviárias que abasteciam os exércitos alemães entre Arras e Rheims. A batalha foi travada durante a ofensiva alemã da Segunda Batalha de Ypres (21 abril - 25 maio). O ataque francês inicial rompeu e capturou o monte Vimy, mas as unidades de reserva não conseguiram reforçar as tropas no cume, e os contra-ataques alemães obrigou o inimigo a se retirar. Os ataques britânicos em Festubert forçaram os alemães a recuar por três km, à custa de muitas baixas de ambos os lados. Em 18 de junho, a ofensiva principal foi interrompida. A ação francesa avançou cerca de três km, tendo disparado 2.155.862 ogivas e perdido 102.500 soldados. Por sua vez, o 6º Exército alemão perdeu 73 mil homens.

- **Primeira Batalha de Isonzo (23 de junho a 7 de julho)** – a Primeira Batalha de Isonzo, foi travada entre a Itália e a Austria-Hungria na Campanha Italiana da Primeira Guerra Mundial. O objetivo das forças italianas era repelir os austríacos para longe de suas posições defensivas em Soca (Isonzo). Embora os italianos contassem com uma superioridade numérica de 2 para 1, sua ofensiva fracassou, uma vez que os austríacos tinham a vantagem de lutar em posições elevadas, bloqueadas com arame farpado, que foram capazes de resistir facilmente aos ataques inimigos. Nos anos seguintes, houve mais 11 batalhas entre os exércitos Austro-húngaro e italiano na região, hoje território da atual Eslovénia e ao longo do rio Isonzo no setor oriental da frente italiana entre junho de 1915 e novembro 1917. Doberdó, um desses confrontos, travado em 1916, foi uma das batalhas mais sangrentas da primeira Guerra.

- **Batalha de Varsóvia (17 de agosto a 14 de setembro)** – a Batalha de Varsóvia, também chamada de a Grande Retirada Russa, ocorreu quando as forças do Império russo se retiraram da Galícia e da Polônia. Em 13 de julho todo o exército russo havia conseguido abandonar suas posições, deixando apenas um pequeno contingente em Varsóvia e na fortaleza Ivangorov, que também acabou capturado pelos alemães.

- **Batalha de Loos (25 a 28 de setembro)** – a batalha de Loos foi uma das principais ofensivas britânicas na frente ocidental em 1915. Foi a primeira vez que os britânicos utilizaram gás tóxico durante a guerra.

- **Segunda Batalha de Champagne (25 de setembro a 6 de novembro)** – o resultado dessa batalha foi desastroso para os franceses, que após algumas ofensivas e contraofensivas dos alemães, perderam todas as posições conquistadas, além de terem sofrido 145 mil baixas, metade do número de mortes dos inimigos.

Wikimedia Commons

Bateria francesa destruída, em Verdun

1916

- **Batalha de Verdun (21 de fevereiro a 19 de dezembro)** – um dos principais confrontos da Primeira Guerra Mundial, na frente ocidental, colocou frente a frente o exército alemão e as tropas francesas num terreno íngreme ao norte da cidade de Verdun-sur-Meuse, Nordeste de França. Foi a batalha mais longa, e uma das mais devastadoras em termos de baixas, da Primeira Guerra Mundial e da história militar. Embora não se tenha os números exatos, estima-se que mais de 714 mil homens perderam suas vidas na batalha – 377 mil do lado francês e 337 mil do alemão.

- **Batalha da Jutlândia (31 de maio a 1 de junho)** – a maior batalha naval da Primeira Guerra Mundial e o único confronto em grande escala entre couraçados do conflito. Foi também o último combate em grande escala entre couraçados. De fato, para alguns historiadores, o confronto entre as esquadras britânica e alemã na costa da península da Jutlândia, na Dinamarca, é a maior batalha naval da história. Não se pode dizer que houve um vencedor, pois os dois lados sofreram graves perdas. Contudo, com os danos infligidos à frota alemã, os britânicos continuaram controlando o mar. Assim, a Batalha da Jutlândia, talvez, uma vitória de Pirro – o general macedônio que venceu os romanos numa batalha à custa de quase todo o seu exército.

- **Batalha de Bitlis (2 de março a 24 de agosto)** – a Batalha de Bitlis foi, de fato, uma série de confrontos ocorridos durante o verão de 1916, na cidade de Bitlis, na atual Turquia, entre as forças russas e otomanas. Bitlis foi conquistada pelos russos em 2 de março de 1916 com apoio de voluntários armênios. Imediatamente, os otomanos, sob comando de Kemal Atatürk, iniciaram uma reação e retomaram Bitlis, em 15 de agosto, depois de ter expulsado o exército de Nikolai Yudenitch. O contra-ataque turco só foi interrompido em Gevash, em 24 de agosto. Biitlis foi a primeira batalha em que o Exército Otomano teve sucesso contra os russos.

- **Batalha de Doberdò (23 de junho a 7 de julho)** – a sexta das 12 batalhas de Isonzo, Doberdò foi um dos mais sangrentos campos de combate da Primeira Guerra Mundial, travada entre os exércitos italiano e austro-húngaro, composta principalmente de regimentos húngaros e eslovenos. Os italianos tentaram avançar sobre o Planalto de Carso, buscando ganhar o controle sobre a estrada principal que liga o porto de Trieste à cidade de Gorizia. Depois de violentos combates e enormes baixas, eles tiveram sucesso em suas tentativas. As forças austro-húngaras recuaram e Gorizia caiu nas mãos dos italianos. Eles, no entanto, não conseguiram continuar a avançar até Trieste, tendo sido detidos perto de Duino.

- **Ofensiva Brusilov (4 de junho a 20 de setembro)** – o maior feito do Império russo durante a Primeira Guerra Mundial e uma das mais letais batalhas da história, considerado por alguns estudiosos como a maior vitória da Tríplice Entente. A grande ofensiva contra os exércitos dos Impérios centro-europeus na frente oriental promovida pelos russos teve lugar no que hoje é território ucraniano. A ofensiva recebeu seu nome de um comandante da frente sudoeste, Aleksei Brusilov (1853 – 1926), que desenvolveu as táticas que conduziram os russos à vitória.
- **Batalha do Somme (1 de julho a 18 de novembro)** – considerada uma das maiores batalhas da Primeira Guerra Mundial, a Batalha do Somme foi uma ofensiva anglo-francesa com o objetivo de romper as linhas de defesa alemãs estacionadas na região do rio Somme, na França. As baixas foram elevadíssimas para ambos os lados, sobretudo para a Grã-Bretanha. Só no primeiro dia da batalha, que marcou a estreia dos tanques de guerra, os britânicos tiveram 57.470 baixas (19.240 mortos) – o combate mais sangrento na história do exército britânico. No total, o confronto produziu mais de 1,2 milhão de vítimas entre mortos e feridos, em cinco meses de combate, numa das operações militares mais violentas da história da humanidade. Apesar do custo em material bélico e em vidas, o objetivo dos aliados não foi atingido.
- **Batalha de Fromelles (19 a 20 de julho)** – operação militar britânica na frente ocidental, parte da Batalha do Somme. Os preparativos para o ataque foram apressados, as tropas envolvidas não tinham experiência em guerra de trincheiras e a força da defesa alemã foi bastante subestimada - um soldado britânico pra dois alemães. Como resultado, o contra-ataque alemão forçou a retirada das tropas australianas – que nessa batalha estreavam na Primeira Guerra – para a linha da frente original.
- **Batalha de Pozières (23 de julho a 7 de agosto)** – a luta de duas semanas pelo vilarejo francês de Pozières marcou os estágios intermediários da Batalha do Somme. Embora divisões britânicas estivessem envolvidas na maioria das fases da batalha, Pozières é lembrado principalmente como um combate travado pelos australianos, que, com grande custo em termos de vidas, conquistaram seu objetivo. Nas palavras do historiador oficial australiano Charles Bean, o terreno elevado de Pozières "é mais densamente semeado com sacrifício australiano do que qualquer outro lugar na Terra".
- **Batalha de Guillemont (3 a 6 de Setembro)** – a Batalha de Guillemont foi um assalto britânico à vila do mesmo nome, controlada pelos alemães, durante a Batalha do Somme. Em 3 de Setembro os britânicos capturaram Guillemont e, dois dias depois, Falfemont Farm. As unidades alemãs envolvidas lutaram até à morte nas trincheiras. A captura de Guillemont enfraqueceu o controle alemão sobre este setor, permitindo que os britânicos lançassem sua próxima grande ofensiva numa frente ampla.

Membros do 1º Batalhão dos Reais Rifles Irlandeses numa trincheira de comunicação, primeiro dia das operações no Somme

Wikimedia Commons

- **Batalha de Ginchy (9 de setembro)** – a captura da vila de Ginchy pela 16ª Divisão Irlandesa do Reino Unido, Parte da Batalha do Somme, cobrou um peso alto dos aliados. Os irlandeses sofreram pesadas baixas durante o combate: os sete batalhões irlandeses envolvidos na batalha perderam oito oficiais e 220 homens, dos quais seis oficiais e 61 homens pertenciam ao 9º Batalhão do Royal Dublin Fusiliers, que sofreu as maiores baixas. O sacrifício garantiu vantagem aos aliados. O bem-sucedido ataque, que capturou a aldeia na primeira tentativa, privou os alemães de seus postos de observação estratégica.
- **Ofensiva de Monastir (12 de setembro a 11 de dezembro)** – a operação aliada tinha como objetivo derrotar de vez as forças dos Poderes Centrais na frente macedônia, forçando a capitulação da Bulgária e aliviando a pressão sobre a Romênia. A ofensiva se estendeu por três meses e terminou com a captura da cidade de Monastir.

1917

- **FRENTE DO ORIENTE MÉDIO** – a frente na qual o Império otomano se envolveu foi a do Oriente Médio, onde enfrentou principalmente os russos e os britânicos. Os franceses e os britânicos promoveram a campanha de Galípoli, em 1915, e da Mesopotâmia, no ano seguinte. No entanto, depois de serem derrotados no Cerco de Kut, os britânicos se reorganizaram e conseguiram recapturar Bagdá em março de 1917. Depois de vencer Batalha Romani em agosto de 1916, a Força Expedicionária Egípcia do Império britânico avançou através da Península do Sinai, infligindo derrotas ao exército otomano nas Batalhas de Magdhaba (23 de dezembro de 1916) e de Rafa (9 de janeiro de 1917), no Sinai egípcio e na Palestina otomana. A Revolta Árabe, iniciada em 1916 e bancada pelos britânicos, libertou a Península Arábica do jugo otomano. Diversas tribos nômades lideradas por Hussein bin Ali e apoiadas pelos britânicos acabaram por tomar Meca.
- **Batalha de Arras (9 de abril a 16 de maio)** – a Batalha de Arras foi uma ofensiva britânica que contou com tropas do Reino Unido, canadenses, neozelandesas, da Terra Nova e australianas. Os aliados atacaram as defesas alemãs, nas proximidades da cidade francesa de Arras, na frente ocidental. Quando a batalha terminou, oficialmente, a 16 de maio, as tropas do Império britânico tinham avançado bastante no terreno, mas não tinham conseguido penetrar nas defesas alemãs - o maior objetivo da ação.
- **Batalha de Vimy Ridge (9 a 12 de abril)** – este combate fez parte da fase de abertura da Batalha de Arras liderada pelos britânicos, um ataque realizado para apoiar a Ofensiva de Nivelle. O objetivo do Corpo Canadense era a captura e controle do terreno elevado. Os canadenses capturaram a maior parte da colina durante o primeiro dia do ataque. A cidade de Thélus foi tomada durante o segundo dia da ação. O último objetivo, uma pequena posição situada no exterior da cidade de Givenchy-en-Gohelle, foi capturada em 12 de abril. As forças alemãs retiraram-se da linha de Oppy–Méricourt, abrindo espaço para o avanço dos aliados.

Wikimedia Commons

Ataque de infantaria búlgara na área de Bitola, em 1916

Membros da Royal Marine Artillery carregam um obus de 15 polegadas perto da estrada de Menin durante a Terceira Batalha de Ypres

- **Batalha de Messines (7 a 14 de junho)** – a Batalha de Messines consistiu numa ofensiva coordenada pelo Segundo Exército britânico. A ação forçou o exército alemão a mobilizar suas reservas das frentes de Arras e Aisne para Flandres, o que tirou alguma pressão do exército francês. A Batalha de Messines foi, também, o prelúdio para a Terceira Batalha de Ypres.

- **Batalha de Passchendaele ou Terceira Batalha de Ypres (31 de julho a 6 de novembro)** – a Terceira Batalha de Ypres, também chamada de Batalha de Passchendaele opôs os britânicos e os seus aliados canadenses, sul-africanos e unidades das Forças Armadas da Austrália e Nova Zelândia (ANZAC, conforme sigla em inglês), a forças do Império alemão, numa disputa pela região ao redor da cidade belga de Ypres. Passchendaele fica situada na última colina a leste de Ypres, próxima de um entroncamento ferroviário em Roulers, uma parte vital do sistema de abastecimento do 4ª Exército alemão, a qual os britânicos e seus aliados deveriam tomar. A campanha terminou em novembro quando o Corpo Canadense finalmente capturou Passchendaele.

- **Batalha de Marasesti (6 de Agosto a 8 de setembro)** – a batalha de Marasesti foi a última grande batalha entre o Império alemão e o Reino da Romênia na frente romena. A Romênia foi ocupada pelas Potências Centrais, mas a batalha de Marasesti garantiu que a região nordeste do país permanecesse livre de ocupação.

1918

- **A OFENSIVA DE VARDAR** – a ofensiva foi realizada durante a fase final da Campanha dos Balcãs, quando, em 15 de setembro, uma força combinada de tropas sérvias, francesas e gregas atacou as trincheiras búlgaras em Dobro Pole, na atual República da Macedônia. O fogo de artilharia anterior ao ataque teve efeitos devastadores sobre o moral dos búlgaros e acabou levando a deserções em massa. Embora os búlgaros tenham, em seguida, conseguido deter o avanço dos aliados no setor da Doiran, o colapso da frente de Dobro Pole forçou os defensores a se retirar de Doiran. A ofensiva levou a Bulgária a assinar o Armistício de Salonica e a retirar-se da guerra. A queda da Bulgária virou o equilíbrio estratégico e operacional da guerra contra as Potências Centrais.

- **Ofensiva da Primavera (21 de março a 18 de julho)** – em 1918, com a saída da Rússia do conflito, marcando o fim da guerra no Leste, os alemães puderam empregar na frente ocidental as forças liberadas no front oriental. Por conta disso, lançaram a Ofensiva da Primavera. Usando novas táticas de infiltração, os alemães avançaram cerca de cem km a Oeste – o maior avanço realizado por qualquer exército na frente ocidental. A Ofensiva da Primavera quase teve sucesso em romper as linhas dos aliados. Estes, porém, conseguiram resistir.

Wikimedia Commons

Soldados franceses utilizam lança-chamas contra trincheiras alemãs em Flandres, Bélgica

- **Batalha do Lys (9 de abril)** – esta batalha, travada durante a Ofensiva da Primavera, marcou negativamente a participação de Portugal na Primeira Guerra Mundial. Com efeito, a derrota que os exércitos alemães infligiram às tropas portuguesas foi o maior desastre militar do país depois da Batalha de Alcácer-Quibir, em 1578.

- **Segunda Batalha do Marne (15 de julho a 5 de agosto)** – a Segunda Batalha do Marne, ou Batalha de Reims, foi a última ofensiva alemã importante na frente ocidental. Contudo, o contra-ataque dos aliados, liderados pelas forças francesas e contando com várias centenas de tanques, neutralizou a ação alemã, infligindo pesadas baixas ao inimigo. A derrota alemã marcou o início do avanço implacável dos aliados, a Ofensiva dos Cem Dias, que culminou com o armistício, cerca de cem dias depois do início da Segunda Batalha do Marne.

- **Batalha de Amiens (8 a 11 de agosto)** – também chamada de Terceira Batalha de Picardy, a ação marcou o início da Ofensiva dos Cem Dias, que traria o fim da Primeira Guerra Mundial. As forças Aliadas avançaram cerca de 11 km no primeiro dia, um dos maiores avanços da guerra, sob o comando do general inglês barão Henry Rawlinson. Amiens foi uma das primeiras grandes batalhas envolvendo veículos blindados e pôs um fim à guerra de trincheiras na frente ocidental. Um número significativo de alemães rendeu-se, indicando os ânimos abalados dos soldados do kaiser.

- **Ofensiva dos Cem Dias (8 de agosto a 11 de novembro)** – os aliados receberam um reforço decisivo com a entrada dos Estados Unidos na Guerra. O país enviou 2,1 milhões de soldados, o que permitiu uma nova e grande ação que colocou um fim à guerra: a Ofensiva dos Cem Dias. A operação contou com 600 tanques de guerra e o apoio de 800 aviões. As ações resultaram no colapso das forças germânicas, já esgotadas após quatro anos de luta. O avanço inexorável dos aliados em 1918 convenceu os líderes militares alemães de que a derrota era inevitável. A constatação levou os alemães a buscar o armistício.

- **Batalha de Megido (19 a 21 de setembro)** – a Batalha de Megido teve como resultado a conquista da Palestina pelos britânicos, sob o comandado de Edmund Allenby. As forças do Império britânico cercaram os otomanos no vale de Jizreel, perto do rio Jordão, vencendo-os com pouquíssimas baixas – algo raro nas ofensivas da Primeira Guerra Mundial.

- **Ofensiva Meuse-Argonne (26 de setembro a 11 de novembro)** – a Ofensiva Meuse-Argonne, também chamada de Batalha da Floresta de Argonne, foi parte da Ofensiva dos Cem Dias. A operação foi planejada pelo comandante francês Ferdinand Foch e envolveu forças dos EUA, da França, Reino Unido, países do commonwealth e Bélgica. O objetivo – que foi cumprido com sucesso – era romper a Linha Hindenburg, o grande sistema de defesa construído pelos alemães durante o inverno de 1916- 1917 no Nordeste da França, forçando a capitulação dos alemães. A Ofensiva Meuse-Argonne foi a maior operação e a mais significativa vitória da Força Expedicionária Americana (AEF) na I Guerra Mundial.
- **Batalha de Sharqat (23 a 30 de outubro)** – a Batalha de Sharqat , travada entre as forças britânicas e o Império otomano como parte da Campanha da Mesopotâmia, foi o engajamento final dos turcos que, com a derrota, aceitaram o armistício.
- **Batalha de Cambrai (8 a 10 de outubro)** – a Batalha de Cambrai, ocorrida na cidade francesa que deu seu nome ao combate, entre as tropas britânicas e alemãs, foi outro confronto famoso travado durante a Ofensiva dos Cem Dias. A batalha inaugurou várias táticas e armas inovadoras, em particular o uso de tanques, o que resultou numa vitória esmagadora dos aliados com poucas baixas.
- **Batalha de Vittorio Veneto (23 de outubro a 3 de novembro)** – a Batalha de Vittorio Veneto, a última da campanha italiana da Primeira Guerra Mundial, terminou com a vitória da Itália e levou o exército austro-húngaro ao colapso.

O FIM DA GUERRA

- Não se pode considerar que a Alemanha tenha assinado um acordo de paz. De fato, o Tratado de Versalhes foi imposto à recém-proclamada república de Weimar. Ao apresentar o documento, os aliados informaram que, se o governo alemão não aceitasse, recomeçariam a guerra. O chefe do governo alemão, Philipp Scheidemann, renunciou, deixando de assinar o tratado. Gustav Bauer, líder do governo de coalizão que se formou após a renúncia de Scheidemann, enviou um telegrama a Paris confirmando sua intenção de assinar o tratado, caso alguns artigos fossem retirados. A resposta dos aliados veio na forma de um ultimato: ou a Alemanha aceitava aquelas condições, ou seus exércitos cruzariam o Reno em 24 horas e invadiriam o país. Desse modo, os alemães foram forçados a aceitar uma humilhação que levaria à Segunda Guerra.

Homens da 7ª Divisão de Infantaria do 64º Regimento dos EUA comemoraram a notícia do armistício, em 11 de novembro de 1918

Wikimedia Commons

ARMAS E TECNOLOGIAS

A Primeira Guerra Mundial foi uma guerra industrial, na qual foram aplicados métodos de produção em massa e novas tecnologias na fabricação de armamentos. Era uma tendência iniciada cinquenta anos antes, na Guerra Civil americana, e que evoluiu por meio de conflitos menores, atingindo seu ponto culminante na Primeira Guerra

Wikimedia Commons

Equipe de metralhadora da Royal Marine Artillery descarregando um canhão Howitzer de15 polegadas, no Setor de Ypres. Estas ogivas pesam cerca de 635 kg e sua explosão abre uma cratera média de mais de cinco metros de profundidade e quinze metros de diâmetro, lançando estilhaços e fragmentos por um raio superior a 800 metros

Depois da guerra, ficou claro que sejam quais forem os benefícios trazidos pela tecnologia à vida civil, essa mesma tecnologia estaria sempre disponível para a criação de equipamentos com alto poder de destruição. De fato, as baixas causadas por essas armas banalizaram a vida humana a tal ponto que o século XX foi a era dos Holocaustos. O genocídio de judeus, poloneses e russos, por Hitler, dos japoneses de Hiroshima e Nagasaki, pelos americanos, e da população cambojana, pelo Kmer Vermelho, são alguns exemplos.

Ao longo da Primeira Guerra Mundial, foi preciso ajustar as estratégias e táticas aos novos armamentos. Nos primeiros anos do conflito, a aplicação de tecnológica do

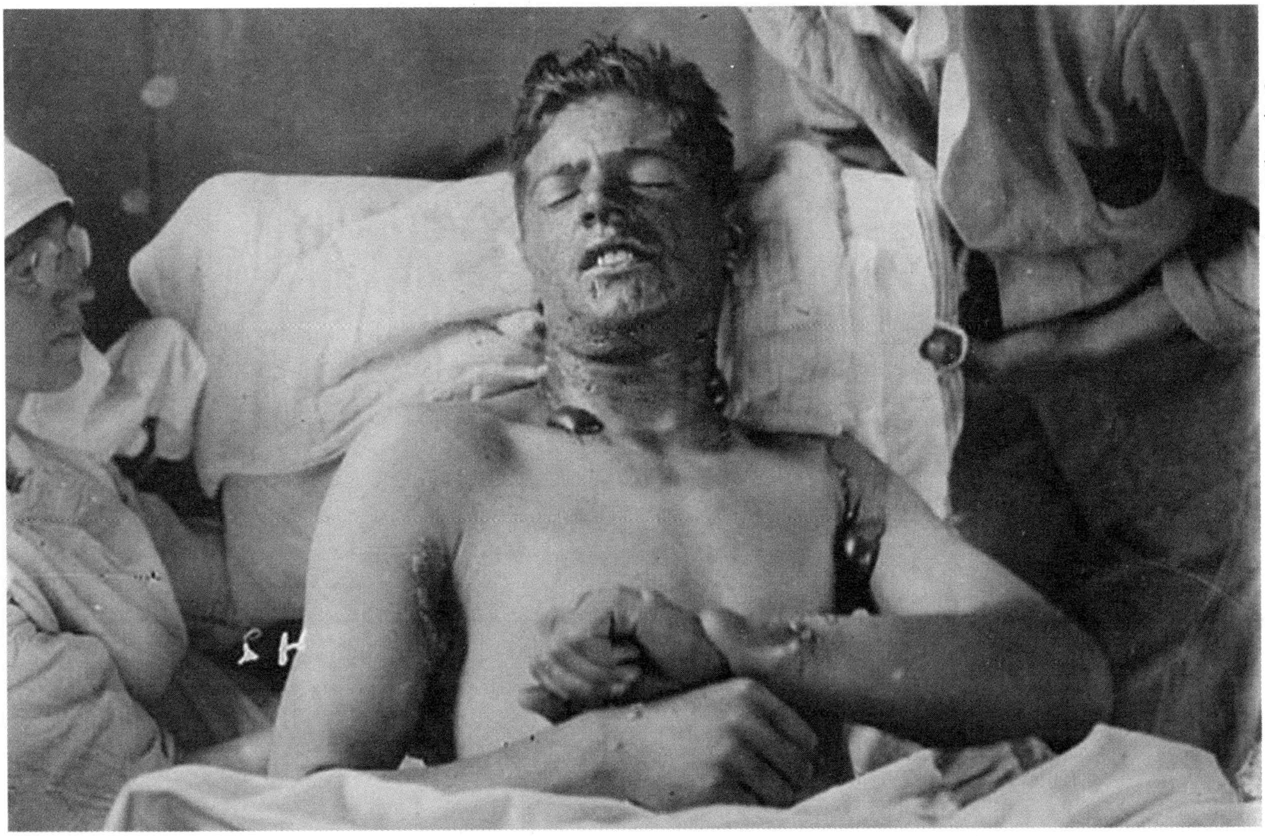

Soldado canadense com queimaduras provocadas pelo gás mostarda

século XX contra táticas do século XIX levou a um número enorme de baixas em batalhas travadas inutilmente.

Foi preciso reaprender a combater. Apenas no último ano da guerra os exércitos conseguiram adaptar de modo eficiente os métodos de comando e controle, bem como as estratégias, ao campo de batalha moderno. Mudanças de tática, como a redução do número de homens dos esquadrões, que de cem soldados passou a ter dez, acompanharam o uso de carros blindados, das primeiras submetralhadoras e de rifles automáticos.

As novas armas e tecnologias foram usadas e desenvolvidas em diversas situações.

COMBATES NAS TRINCHEIRAS

As modernas indústrias metalúrgicas e as diversas inovações mecânicas produziram armamentos com um poder de fogo que tornava a defesa quase invencível e o ataque praticamente impossível. Entre as novas armas estavam os rifles automáticos, metralhadoras e granadas de mão que dificultavam o avanço sobre o terreno defendido. Uma das mais importantes armas introduzidas nos ataques e defesas de trincheiras foi o projétil com ogiva explosiva que aumentou demasiadamente o poder de destruição da artilharia e, consequentemente, o número de baixas. Outro desenvolvimento proporcionado pelas batalhas nas trincheiras foi a casamata, uma instalação fortificada à prova de projéteis.

GÁS

No começo da guerra, a Alemanha tinha a indústria química mais desenvolvida do mundo, respondendo por mais de 80% da produção mundial de corantes e químicos. Embora o uso de armas químicas fosse proibido pela Convenção de Haia, que estabelecia leis internacionais para o limite das atrocidades das guerras, a Alemanha não hesitou em lançar mão da sua avançada indústria química para tentar romper a estagnação da guerra de trincheiras.

CASUALIDADES PROVOCADAS POR GÁS

PAÍS	NÃO LETAL	MORTES	TOTAL
Império britânico	180.597	8.109	188.706
França	182.000	8.000	1.90.000
Estados Unidos	71.345	1.462	72.807
Itália	55.373	4.627	60.000
Rússia	419.340	56.000	475.340
Alemanha	191.000	9.000	200.000
Áustria- Hungria	97.000	3.000	100.000
Outros	9.000	1.000	10.000
Total	**1.205.655**	**91.198**	**1.296.853**

Fonte: First World War Encyclopedia – Spartacus Educational

Wikimedia Commons

A metralhadora britânica Vickers, com sua equipe usando máscaras antigas

O gás de cloro é uma substância altamente neurotóxica. Em outras palavras, tem a capacidade de lesar gravemente o sistema nervoso. Esse gás de coloração amarelo-esverdeada foi descoberto em 1774 pelo sueco-alemão Karl Wilhem Scheele, mas, até a Primeira Guerra Mundial, nunca tinha sido usado para eliminar pessoas.

Essa arma química foi usada pela primeira vez num campo de batalha em abril de 1915, na Segunda Batalha de Ypres. Quando os soldados aliados viram a fumaça amarela, acharam que era apenas uma cobertura para as tropas que avançavam – uma cortina de fumaça. Os oficiais ordenaram que os homens mantivessem suas posições para repelir o ataque iminente. Duas vezes mais pesado que o ar, o gás se espalhou como uma névoa mortal, invadindo as trincheiras e fazendo várias vítimas.

Nas batalhas subsequentes, outros gases, como gás mostarda e fosgênio, também foram usados. Os britânicos e franceses logo seguiram a tendência e passaram também a atacar os alemães com gases letais.

De início, os combatentes usavam apenas trapos embebidos em água e até mesmo urina para evitar os efeitos do gás. Mais tarde foram desenvolvidas e introduzidas máscaras relativamente eficientes para neutralizar armas químicas. Mas o estrago foi grande. De acordo com Roger Chickring, cerca de um milhão de combatentes pereceram por conta do uso de armas químicas.

ARMAMENTOS LEVES

A metralhadora foi uma das armas introduzidas na Primeira Guerra Mundial que afetou significativamente as formas de organização da infantaria. Antes, os esquadrões eram grandes,compostos de cem homens. Com o uso de metralhadoras, pelotões e esquadrões menores, com menos soldados por comandante (sargento ou tenente), eram mais fáceis de organizar, pois, além de os grandes esquadrões serem facilmente divididos pelo fogo inimigo, deixando parte dos homens sem comando, menos homens por pelotão dava mais autonomia ao grupo. Mas isso só foi possível graças ao maior poder letal conferido aos soldados pelo uso de metralhadoras e rifles automáticos.

A metralhadora Lewis, de fabricação britânica, foi a primeira metralhadora leve que podia, ao menos teoricamente, ser operada por um só homem. Na verdade, por causa do pente de balas, ela exigia pelo menos dois soldados para ser usada eficientemente.

Os rifles automáticos deram maior poder letal aos soldados. Contudo, na luta dentro das trincheiras – quando uma onda de inimigos tinha sucesso ao invadir a trincheira inimiga –, os rifles eram muito longos para serem disparados a curta distância. Por isso, os rifles também eram usados com baionetas, isto é, punhais adaptados à boca do cano do rifle.

Outra inovação usada na Primeira Guerra Mundial foi o lança-chamas. Como os U-boats e as armas químicas, os alemães foram s primeiros a usar lança-chamas. Isso aconteceu na Batalha de Hooge, na frente ocidental, em 30 de julho de 1930. A intenção era expulsar os soldados das trincheiras. Os alemães tinham dois tipos de lança-chamas, um menor, operado por apenas um homem, o kleinflammenwerfer, e outro maior, o grossflammenwerfer, o qual era acionado por dois soldados, um que apontava o cano e outro que carregava o tanque de combustível.

Wikimedia Commons

Miodrag Tomic

Wikimedia Commons

Tomić e o observador Milutin Mihailović no seu Blériot XI

AVIÕES

O primeiro avião voou em 1906, projetado e pilotado pelo inventor brasileiro Alberto Santos Dumont, e tornou-se uma arma poderosa quando foi usado para fins bélicos pela primeira vez, durante a Primeira Guerra Mundial. Desde então, novos projetos têm sido desenvolvidos, adaptados e melhorados. O batismo de fogo da nova arma aconteceu logo no começo do conflito, nos céus da Sérvia.

A Batalha de Cer, por vezes chamada de Batalha do Rio Jadar, foi travada logo no início da Primeira Guerra Mundial, em agosto de 1914, quando a Áustria-Hungria invadiu a Sérvia. O palco do conflito foram as vilas e aldeias próximas ao Monte Cer, a cem quilômetros de Belgrado.

A batalha começou na noite de 15 de agosto, quando membros da 1ª Divisão Combinada sérvia atacou postos avançados austro-húngaros, que haviam sido estabelecidos nos pés do Monte Cer, em preparação à invasão. O ataque acabou se tornando uma batalha pelas aldeias ao redor da montanha, especialmente pela cidade de Sabac. Nos céus do Monte Cer foi travada a primeira batalha aérea da guerra – e também a primeira da História. O encontro foi um tanto prosaico. Um aviador sérvio, um certo Miodrag Tomic, fazia reconhecimento aéreo sobre as posições inimigas, quando cruzou um avião austro-húngaro. O piloto acenou e Tomic respondeu a saudação. No entanto, o piloto austro-húngaro sacou seu revolver e começo a dispara contra o sérvio. O episódio levou a uma inovação: em poucas semanas todos os aviões, tanto dos aliados como dos Poderes Centrais, foram equipados com metralhadoras, inicialmente acima das asas.

Desde então, os aviões têm sido usados em todas as guerras com incrível capacidade de destruição. Pela primeira vez, batalhas foram travadas no céu. No início da guerra, os aviões já estavam sendo utilizados para fazer reconhecimento e localização das posições inimigas, mas em 1915 aviões modificados para combate aéreo foram introduzidos na frente ocidental. Em 1 de abril daquele ano, o piloto francês Roland Garros se tornou o primeiro homem da História a derrubar um avião inimigo, usando uma metralhadora que atirava através das hélices. Para fazer isso, as hélices foram reforçadas de forma a desviar as balas que a atingiam. Embora grosseiro, o método possibilitou a Garros a primeira vitória numa batalha aérea.

Poucos meses depois, Garros foi forçado a aterrissar atrás das linhas inimigas. O avião capturado foi enviado ao engenheiro holandês Anthony Fokker, que fez uma importante modificação, um sincronizador que permitia a metralhadora disparar nos intervalos do giro da hélice, isto é, atiravam apenas quando a hélice estava fora da linha de fogo. A corrida na melhoria dos armamentos aéreos, motores e materiais começava, continuando até o final da guerra.

Os combates aéreos inauguraram um novo personagem militar, o Ás, um piloto que se destacava não só pela sua habilidade e coragem, mas também – e principalmente – pelo número de aviões que abateu. A Primeira Guerra assistiu uma verdadeira competição entre ases, cada qual marcando cuidadosamente o número de inimigos derrubados, como um jogador de futebol conta o número de gols. O ás mais famoso foi o Barão Vermelho, um piloto alemão assim apelidado pelos aliados por ser nobre e voar num biplano vermelho. Contudo, ao contrário do que se pensa, a artilharia antiaérea derrubou mais aviões do que os pilotos de combate.

No inverno de 1916-1917, os alemães introduziram aviões melhores com metralhadoras duplas, o que resultou em perdas desastrosas nas Forças Aéreas Aliadas. Vários pilotos britânicos, portugueses, belgas e australianos, que lutavam com aviões ultrapassados, pereceram ante a eficiência das aeronaves alemãs e de seu poder de fogo. Segundo Roger Chickring, autor do livro *Great War, Total War: Combat and Mobilization on the Western Front*, 1914-1918, num ataque, em Arras, os britânicos perderam 316 tripulações e os canadenses 114, contra apenas 44 tripulações batidas dos germânicos.

Wikimedia Commons

Manfred von Richthofen, o Barão Vermelho

O BARÃO VERMELHO

Manfred Albrecht Freiherr von Richthofen (1892 – 1918) foi o maior ás da Primeira Guerra Mundial e um dos símbolos sempre relacionados com o conflito. O Barão Vermelho, como era chamado, abateu oitenta aviões em sua carreira, mais que qualquer outro piloto.
Von Richthofen era membro de uma família da nobreza alemã, composta de militares. Era um Freiherr, ou Senhor Livre, um título quase sempre traduzido como Barão. Por conta disso e por seu avião ser pintado de vermelho, ficou conhecido como Barão Vermelho. Mas os aliados tinham outros apelidos para ele. Os franceses o chamavam de Diabo Vermelho (Le Diable Rouge), e os britânicos de Cavaleiro Vermelho (Red Knight). Na Alemanha, seu apelido era Piloto de Combate Vermelho (Der Rote Kampfflieger).
Seguindo a tradição da família, Von Richthofen entrou para escola militar muito cedo, aos 11 anos. Em 1911, depois de completar o treinamento como cadete, entrou para a cavalaria.
No começo da Primeira Guerra, von Richthofen serviu tanto na frente ocidental como na oriental, fazendo reconhecimentos, participando de combates na Rússia, França e Bélgica. No entanto, as metralhadoras e arames farpados tornaram a cavalaria obsoleta. Assim, von Richthofen pediu transferência para o Serviço Aéreo do Exército Imperial Alemão. Aceito, começou seu treinamento em outubro de 1915.
Durante o treinamento, o Barão Vermelho era um piloto abaixo da média. Tinha dificuldade para controlar o avião e chegou até mesmo a colidir durante seu voo inaugural. Contudo, um ano depois já era um dos pilotos mais conhecidos dos esquadrões aéreos germânicos. Apesar de não ser um piloto hábil em acrobacias, como seu irmão Lothar Von Richtofen, outro ás alemão que abateu 40 aviões na Primeira Guerra, o Barão Vermelho era um tático excepcional e talentoso líder de esquadrilha, além de ter uma ótima pontaria.
Em 1917, com a fundação da Força Aérea da Alemanha, o Barão Vermelho foi promovido a comandante de um esquadrão, o Jasta 11 e, pouco depois, a uma unidade maior, a Jadgeschwader 1, mais conhecida como Circo Voador. Em 1918, aos 26 anos, era um herói nacional em seu país e famoso entre os inimigos.
O Barão Vermelho não viu, porém, o final da guerra. Foi abatido perto da cidade francesa de Amiens, em 21 de abril de 1918, pouco depois das 11h00.
Em seu livro, *Flying Stories*, Hayden McAllister conta que o Barão estava perseguindo um biplano Sopwith Camel pilotado pelo tenente canadense Wilfrid "Wop" May da Esquadrilha 209 da Real Força Aérea, quando foi atingido no peito por uma bala calibre 0.303 mm. Von Richthofen anda conseguiu pousar atrás das linhas inimigas, num setor controlado pela Força Imperial Australiana. Quando os primeiros soldados chegaram ao avião do Barão Vermelho, ele ainda estava vivo, mas morreu em seguida.
Os aliados providenciaram um funeral com honras militares ao piloto inimigo. Von Richthofen foi enterrado no cemitério de Bertangles, perto de Amiens. Seu caixão foi levado por seis capitães aliados, a mesma patente do Barão Vermelho, e uma guarda de honra deu várias salvas de tiros em homenagem ao morto. Os esquadrões aliados estacionados próximos àquela posição enviaram diversas guirlandas de flores. Numa delas, lia-se: "ao nosso galante e valoroso inimigo".

OS PRINCIPAIS AVIÕES DA GUERRA

Wikimedia Commons

NIEUPORT 17

O Nieuport 17 foi desenvolvido para substituir o Nieuport 11 e iniciou seu serviço em 1916, na frente francesa durante a Primeira Guerra Mundial. Juntamente com o caça britânico DH.2, foi crucial para deter o avião alemão Fockker Eindecker, que reinava nos céus no começo da guerra. Grandes ases franceses pilotaram o N-17. Também ases britânicos, canadenses e italianos conquistaram suas vitórias com o N-17. A partir de 1916, o N-17 fez parte de todos os esquadrões de caça da Aeronáutica Militar francesa.

Também foi usado pelo Real Serviço Aéreo Naval e pelos Royal Flying Corps, uma vez que o caça francês era superior a qualquer contratipo britânico nesse período. Durante a Batalha de Arras, os britânicos usaram Nieuports para atacar balões de observação inimigos, usados para localizar a artilharia aliada.

Os alemães enviaram diversos Nieuports capturados para suas fábricas para que fossem copiados – Tão avançados eram. Essa espionagem industrial resultou no Siemens-Schuckert D.I que, a não ser pelo motor, era uma cópia fiel e entrou em produção. Os mecânicos alemães também retiraram muitos motores de Nieuports abatidos e os reutilizaram em aeronaves germânicas.

Wikimedia Commons

Por volta de meados de 1917, o Nieuport teve seu poder de fogo e velocidade ultrapassados pelos caças alemães recém lançados. Novos modelos do Nieuport – o 24 e o 27 - foram desenvolvidos na tentativa de recuperar sua ascendência.

Depois da guerra, o Nieuport 17 passou a ser usado como avião de treinamento avançado para pilotos de caça.

Wikimedia Commons

NIEUPORT-DELAGE NID.29 C.1

O protótipo NiD 29 voou pela primeira vez em 21 de agosto de 1918. Embora o teste tenha tido um desempenho positivo, o avião não conseguiu atingir a altitude requerida. O segundo protótipo foi aumentado com maior área de asa e obteve o resultado desejado. Cerca de dois anos depois, em 1920, entrou em produção, tornando-se o caça mais rápido de seu tempo.

As forças armadas francesas compraram 250 desses aviões em 1922, que foram construídos pela Nieuport e outras sete fábricas. Outras nações, como a Espanha, Bélgica, a Itália e a Suécia, também adquiriram o caça. A empresa japonesa Nakajima comprou um avião e, a partir desse modelo construiu cerca de seiscentos modelos semelhantes para o Exército Japonês. A cópia foi chamada de Ko-4.

Também foram produzidas versões de corrida do Nieuport-Delage NiD 29, as quais quebraram oito recordes de velocidade e venceram duas importantes corridas aéreas, o troféu Gordon Bennett e o Coupe Deutsche de la Meurthe em 1920 e 1922.

SPAD XIII

O SPAD S.XIII foi um dos caças mais eficientes da Primeira Guerra Mundial e também um dos mais fabricados, com, segundo o escritor Michael Sharpe, um total de 8.472 unidades fabricadas entre 1917 e 1918.

O caça francês projetado por Louis Béchéreau voou pela primeira vez em 4 de abril de 1917, entrando em serviço um mês depois. O novo caça teve papel relevante na guerra, desenvolvido para substituir o SPAD S.VII e os Nieuports que ainda estavam em serviço. Contudo as entregas do avião foram muito mais lentas do que o esperado. Mesmo assim, o caça veio a equipar todas as esquadrilhas de caça francesas a partir do seu lançamento. Mesmo depois do conflito, o SPAD S.XIII continuou a ser o caça utilizado pelas forças armadas francesas até 1923. Outras forças aliadas adotaram igualmente o avião. Após a guerra, a aeronave também foi exportada para o Japão, a Polônia, e a Tchecoslováquia. O S.XIII também foi usado pela Força Aérea Brasileira. Diversos ases o caça francês na primeira guerra.

Wikimedia Commons

Wikimedia Commons

BRISTOL F.2 FIGHTER

O Bristol F.2 Fighter foi um caça biplano britânico de dois acentos e também avião de reconhecimento durante a Primeira Guerra Mundial. Era mais comumente chamado de Bristol Fighter, Brisfit ou Biff. Embora fosse um avião de dois lugares, a versão F.2B era ágil o bastante para enfrentar caças de um acento inimigos. Seu projeto sólido permitiu que o avião permanecesse no serviço militar até os anos 1930.

O primeiro modelo, o F.2A, chegou no front ocidental em abril de 1917, no início da Batalha de Arras, na cidade francesa do mesmo nome. A primeira patrulha feita por esses aviões foi um desastre. Quatro dos seis F.2As do esquadrão que executava a missão foram derrubados enquanto um foi atingido, mas conseguiu retornar à base. Com o tempo, os pilotos perceberam que o avião era tão eficiente nos combates aéreos, como os caças menores de um só lugar. Desse modo, a tática de voar em formação para enfrentar aviões com maior facilidade de manobra foi abandonada, e o Bristol Fighter tornou-se um formidável oponente dos caças alemães de um só lugar. Entre setembro de 1917 e o final da guerra, foram construídas 5.329 unidades, usadas por forças aéreas de diversas nações.

ROYAL AIRCRAFT FACTORY S.E.5

Juntamente com o Sopwith Camel, o S.E.5 foi vital na reconquista da superioridade aérea dos aliados na Primeira Guerra a partir de meados de 1917 até o final do conflito. O S.E.5 iniciou o serviço em março de 1917. Contudo, os pilotos suspeitaram dos grandes para-brisas dos primeiros modelos, destinados a melhorar a visão do piloto. Os aviadores, porém, preferiam a posição mais convencional – e confortável. Assim, o projeto inicial foi adaptado. Logo, os pilotos passaram a apreciar a robustez do avião.

Alguns S.E.5s continuaram a ser usados pela Força Aérea Real depois do armistício. O avião também continuou a ser usado em serviço civil depois do conflito. Em 30 de maio de 1922, um S.E.5 foi usado para escrever pela primeira vez um anúncio publicitário no céu usando fumaça. O piloto Cyril Turner, um ex-oficial da Força Aérea Real, escreveu o nome do jornal londrino Daily Mail, no céu. O avião também foi usado em corridas aéreas.

Piotr Wawrzyniuk / Shutterstock.com

Wikimedia Commons

CAUDRON G.4

O Caudron G.4, um bombardeiro biplano francês com dois motores, foi muito usado durante a Primeira Guerra Mundial. O primeiro desses aviões foi fabricado em 1915 e teve sua produção baseada na França, Inglaterra e Itália. Usado como bombardeiro de reconhecimento dentro do território alemão, foi posteriormente, quando a Alemanha desenvolveu uma força de caças, usado em bombardeios noturnos.

Usado pela Aeronáutica Militar Francesa a partir de novembro de 1915, o G.4 realizou missões de bombardeio atrás das linhas inimigas. O Real Serviço Aéreo Naval também utilizou o avião como bombardeiro, realizando ataques a bases alemãs na Bélgica invadida. Foi substituído a partir do outono de 1917, também foi usado pela Força Aérea Imperial Russa como avião de reconhecimento.

SIKORSKY ILYA MUROMETS

O Sikorsky Ilya Muromets era uma classe de aviões russos anteriores à Primeira Guerra Mundial de quatro motores usados como aeronave de transporte comercial. Projetado por Igor Sikorsky (1889 – 1972), pioneiro tanto no desenvolvimento de aviões de asa fixa como de helicópteros, o primeiro voo do Sikorsky Ilya Muromets foi realizado em 11 de dezembro de 1913. O projeto, baseado no do primeiro avião de quatro motores também projetado por Igor Sikorsky – o Russky Vityaz -, o desenho do Ilya Muromets era revolucionário. Destinado ao serviço comercial, tinha fuselagem espaçosa que incluía um salão de passageiros e banheiro a bordo, durante a Primeira Guerra Mundial, tornou-se o primeiro bombardeiro de quatro motores a equipar uma unidade de bombardeio estratégico. O bombardeiro pesado não teve rivais no início da guerra, uma vez que os Poderes Centrais não possuíam um avião capaz de rivalizar o Ilya Muromets, o que só foi possível a partir de 1916.

Quando a guerra começou, o Ilya Muromets foi adaptado para serviço militar, entrando em serviço em 10 de dezembro de 1914. As operações com os bombardeiros pesados começaram, porém, apenas em fevereiro de 1915, quando um esquadrão de Ilya Muromets bombardeou posições no front alemão. O poder de fogo defensivo do Ilya Muromets que incluía uma metralhadora na cauda e seu tamanho tornavam difícil de derrubar o avião. Nem mesmo os caças menores tinham facilidade para abater o avião. Foi apenas um ano e sete meses depois de iniciar o serviço militar, em 12 de setembro de 1916, que o primeiro Ilya Muromets foi derrubado por quatro aviões alemães Albatros – mesmo assim derrubou três deles antes de cair. Esta foi a única perda dessa aeronave durante a guerra. Três outros Ilya Muromets foram atingidos em combate, mas conseguiram voltar à base e foram consertados.

De acordo com o artigo *Knights of the Air: Sikorsky Superbomber,* publicado no site Diesel Punks, os russos construíram 83 bombardeiros Ilya Muromets entre 1913 e 1918. Foram os primeiros aviões da história da aviação a realizar missões de bombardeio pesado, de bombardeio em grupo, noturno e levantamento fotográfico de danos causados por bombardeio. Também foram os primeiros a desenvolver táticas defensivas para um único bombardeiro engajado em combate com vários caças inimigos. Devido às atualizações em armamentos, o número de alvos atingidos com precisão chegava a 90%.

Depois da Revolução de Fevereiro de 1917, na Rússia, os bombardeiros Ilya Muromets continuaram a ser usados pelo Exército Imperial Russo. A partir de 1921, o avião, que teve sua produção continuada depois da Primeira Guerra, o avião voltou a ser usado como transporte de passageiros. Em outubro de 1922, porém, o Ilya Muromets foi retirado de serviço.

Wikimedia Commons

Everett Historical / Shutterstock.com

Plutonius 3d / Shutterstock.com

GOTHA G

O Gotha G. VIII, GL. VIII, G.IX e G.X foi uma família de bombardeiros fabricados na Alemanha durante os últimos meses da Primeira Guerra Mundial. Baseados no projeto inicial Gotha G.VII, eram bombardeiros táticos de alta velocidade. Contudo, apenas poucos desses aviões entraram em ação. O modelo G.X, destinado ao treinamento e reconhecimento estratégico, foi, provavelmente, fabricado apenas depois da guerra.

AIRCO DH.4

O Airco DH.4 foi um bombardeiro diurno biplano de dois lugares britânico usado na Primeira Guerra Mundial - o primeiro bombardeiro diurno leve de dois lugares britânico a ter armamento defensivo efetivo. Testado pela primeira vez em agosto de 1916, entrou em serviço em março do ano seguinte. As forças americanas na França também usaram esse bombardeiro leve, não só com esse papel, mas também como avião de múltiplas tarefas.

O DH.4 teve enorme sucesso e foi considerado o melhor bombardeiro de um só motor da Primeira Guerra Mundial. Sua velocidade e desempenho em altitude conferia ao DH.4 grande invulnerabilidade contra os caças interceptadores alemães. Desse modo, o DH. 4 quase nunca precisava ser escoltado por caças em suas missões de bombardeio. Esse conceito se estendeu aos projetos posteriores do Havilland e do Mosquito, aviões de sucesso da Segunda Guerra. O projeto apresentava, porém, um revés – a distância entre o piloto e o observador, separados pelo grande tanque principal de combustível. Isso dificultava a comunicação entre a tripulação, especialmente durante o combate com caças inimigos. Além disso, a localização do tanque de combustível era perigosa. De fato, muitos desses aviões chegaram a se incendiar em pleno voo. O modelo inferior DH.9 buscou solucionar o problema ao localizar o tanque de combustível no lugar usual na maioria dos projetos: entre o piloto e o motor.

Na época em que entrou na guerra, o Serviço Aéreo do Exército dos Estados Unidos, não tinha nenhuma aeronave adequada para uso em combate. Desse modo, equipou-se com vários aviões britânicos e franceses. Um desses foi o DH.4. A partir de 1918, o DH-4 passou a ser fabricado nos Estados Unidos e entrou em combate em agosto de 1918. Os pilotos americanos do DH-4 conquistaram seis Medalhas de Honra. Dois desses pilotos, o segundo-tenente Ralph Talbot e o sargento-artilheiro Robert G. Robinson, foram condecorados por repelir 12 caças alemães durante uma missão de bombardeio sobre a Bélgica, em 8 de outubro de 1918.

Depois do armistício, a Força Aérea Real formou o esquadrão de comunicação nº 2, equipado DH.4s para transportar os delegados britânicos à Conferência de Paz de Paris. As primeiras companhias de transporte aéreo europeias tiveram DH.4s em suas frotas.

Wikimedia Commons

Wikimedia Commons

Wikimedia Commons

ROYAL AIRCRAFT FACTORY R.E.8

O R.E.8 foi um biplano de reconhecimento e bombardeiro britânico de dois lugares da Primeira Guerra projetado e fabricado pela Royal Aircraft Factory, para substituir o modelo anterior, o B.E.2. No entanto, o R.E.8 foi considerado pelos pilotos mais difícil de voar do que o B.E.2. Embora seu desempenho fosse considerado satisfatório, o avião nunca se destacou em combate. Mesmo assim, o R.E.8 foi um importante avião de reconhecimento e de localização de artilharia, a partir de meados de 1917. Por conta disso, mais de quatro mil unidades do R.E.8 foram fabricadas, servindo na maioria das frentes da Primeira Guerra, inclusive nos fronts da Itália, Rússia, Palestina, Mesopotâmia e ocidental.

Os primeiros R.E.8 (Reconnaissance Experimental 8) entraram em serviço em novembro de 1916, na França. A Bélgica foi o único país além da Grã-Bretanha a voar R.E.8 durante a Primeira Guerra. Por volta de novembro de 1918, o avião já era considerado completamente obsoleto e as últimas unidades foram retiradas de serviço depois do armistício.

NÚMERO DE AVIÕES E DIRIGÍVEIS EM 1914

PAÍS	AVIÕES	DIRIGÍVEIS
Alemanha	246	11
Áustria- Hungria	35	1
Grã-Bretanha	110	6
França	160	4
Rússia	300	11
Bélgica	25	-

Fonte: First World War Encyclopedia - Spartacus Educational

Wikimedia Commons

TANQUES

O conceito do tanque de guerra data da década de 1890, mas só veio a ser utilizado na Primeira Guerra Mundial no final do conflito. Os estrategistas militares não se interessaram pelo projeto. Contudo, a guerra de trincheira, cuja estagnação paralisava os exércitos, levou a indústria bélica a retomar a ideia do tanque de guerra.

Os tanques, blindados e equipados com metralhadoras Lewis, rodava sobre lagartas, um projeto desenvolvido pelo escritor, político e inventor anglo-irlandês Richard Kivell Edgeworthem nos anos 1770, o que permitia transpor trincheiras de até 2,4 metros. Primitivos, os tanques usados na Primeira Guerra Mundial quebravam o tempo todo. Foram usados pelos britânicos pela primeira vez em 1917, causando pânico entre os alemães.

A partir de então, os tanques de guerra e outros veículos blindados de combate começaram a ser usados na Primeira Guerra Mundial, para dar cobertura a tropas de infantaria e garantir mobilidade nos estáticos combates de trincheira que caracterizaram o conflito. A partir de então, tornaram-se uma arma fundamental das forças armadas modernas, evoluindo em diferentes modelos, concebidos para propósitos específicos.

Wikimedia Commons

MARK VIII

O tanque Mark VIII, também conhecido como Liberty ou The International, foi um projeto anglo-americano da Primeira Guerra Mundial, desenvolvido para superar as limitações dos primeiros modelos britânicos e equipar a França, o Reino Unido e os Estados Unidos com um único tanque.

A produção deveria ter lugar na França, com as peças automotivas fabricadas nos Estados Unidos e a blindagem e armamentos, na Grã-Bretanha. Os níveis de produção planejados deveriam equipar os exércitos aliados com um grande número de tanques que deveria romper as posições defensivas alemãs, numa ofensiva que aconteceria em 1919. De fato, a fabricação dos tanques foi lenta, e apenas alguns veículos foram produzidos antes do final do conflito, em novembro de 1918.

Depois da guerra, cem tanques foram montados nos Estados Unidos e usados pelo exército americano até serem substituídos por modelos mais avançados, desenvolvidos no começo dos anos 1930.

A criação do Mark VIII demorou a ser efetivada por conta da limitação da capacidade industrial da Entente, a aliança entre o Império russo, a França e o Reino Unido. Entre os aliados, apenas a Grã-Bretanha e a França eram grandes potências industriais em 1914. Contudo,

Quando os alemães invadiram a Lorena, a França perdeu cerca de 70% de sua indústria pesada. Do mesmo modo, a produção industrial britânica estava limitada por déficit de mão de obra e pela dívida nacional.

Quando os Estados Unidos declararam guerra à Alemanha em abril de 1917, os britânicos buscaram aumentar sua capacidade produtiva por meio do novo aliado. Em junho de 1917, a Marinha dos Estados Unidos buscou equipar-se com os tanques mais modernos de então. Naquele momento, o projeto britânico que estava sendo desenvolvido era o do Tanque Mark VI, projetado para acomodar-se à capacidade industrial disponível no Reino Unido. Com a oportunidade oferecida pelos americanos, os britânicos convidaram seus colegas americanos a participar do desenvolvimento de um novo projeto, o qual podia ser realizado com os grandes recursos industriais dos Estados Unidos. Dessa parceria, nasceu o Mark VIII.

Wikimedia Commons

A7V

O A7V foi um tanque projetado na Alemanha e produzido a partir de março de 1918, já nos últimos meses da Primeira Guerra Mundial. Foram produzidos vinte desses tanques, usados em combate em 1918.

Após o surgimento dos primeiros tanques de guerra britânicos, utilizados na frente ocidental, o exército alemão estabeleceu o Sétimo Ramo do Departamento Geral de Guerra – Transportes, encarregado de projetar e construir o primeiro tanque alemão. O desenvolvimento ficou a cargo de Joseph Vollmer, um capitão da reserva e engenheiro. As especificações das autoridades militares exigiam que o tanque pesasse cerca de trinta toneladas, ser capaz de vencer valas de até 1,5 metros de largura, ser armado com canhões à frente e a à ré, bem como diversas metralhadoras, e desenvolver velocidade máxima de pelo menos 21 km/h. Depois da apresentação dos planos iniciais ao exército, em dezembro de 1916, foi decidido que o chassis a ser desenvolvido deveria ser universal, de modo que pudesse ser usado como base tanto para um tanque como para veículos de carga não blindados.

O primeiro protótipo foi construído em Berlim e testado em 30 de abril de 1917. A produção teve início em outubro daquele ano.

O tanque de 7,34 metros de comprimento por três de largura e 3,3 metros de altura, tripulado por 18 homens, entrou em combate pela primeira vez em 21 de março de 1918. Dos cinco tanques que participaram da ação ao norte do Canal de Saint-Quentin, na França, três sofreram pane mecânica e não tomaram parte na batalha. Os dois restantes ajudaram a repelir um pequeno ataque britânico.

O primeiro combate entre tanques da História teve lugar durante a Segunda Batalha de Villers-Bretonneux, em 24 de abril de 1918. Três A7Vs que apoiavam um ataque da infantaria encontraram incidentalmente três Mark IV britânicos, confrontando-se em seguida. Durante o combate, os tanques dos dois lados foram avariados. Os britânicos abateram um dos A7Vs, enquanto os outros se retiraram depois de atingir um dos veículos inimigos.

O A7V continuou a ser utilizado depois da guerra, até os anos 1920.

RENAULT FT-17

O Renault FT, mais conhecido como FT-17, foi um tanque ligeiro francês, cujo projeto foi um dos mais revolucionários e influentes da história desses veículos. De acordo com o historiador especializado em veículos blindados Steven Zaloga, o Renault FT "é o primeiro tanque moderno do mundo". Entre esses avanços, o FT-17 foi o primeiro com torreão rotatório, sobre o qual eram montados armamentos. Desse modo, o artilheiro podia disparar em todas as direções. Com efeito, a configuração do Renault FT - compartimento da tripulação à frente, compartimento do motor atrás e o armamento principal no torreão móvel - tornou-se e continua a ser o layout padrão de tanques. Mais de três mil FTs-17 foram construídos, a maioria dos quais durante o ano de 1918. Outros 950 de um modelo quase idêntico foram fabricados sob licença nos Estados Unidos, mas nunca entraram em combate. Este tanque permaneceu em serviço de 1917 a 1949.

O Renault FT viu ação pela primeira vez em 31 de maio de 1918 durante a Segunda Batalha de Marne. No combate trinta FTs repeliram um ataque alemão. Contudo, sem o apoio da infantaria, tiveram de se retirar. A partir de então, números cada vez maiores de FTs foram empregados, por vezes em conjunto com outros tanques.

Depois da guerra, o Renault FT foi exportado para a maioria dos países que possuíam forças blindadas, inclusive o Brasil.

PLRANG ART / Shutterstock.com

Tanques Schneider sendo transportados por ferrovia

Wikimedia Commons

SCHNEIDER_CA1

O Schneider CA1, originalmente chamado de Schneider CA, foi um veículo blindado de combate desenvolvido na França durante a Primeira Guerra Mundial. Embora não fossem um tanque no sentido moderno da palavra, uma vez que não possuía torreão, é, em geral, considerado pelos estudiosos como o primeiro tanque francês.

O Schneider foi criado para superar a imobilidade da guerra de trincheiras, que dominou a frente ocidental durante a maior parte do conflito. Sua função básica era abrir passagem para a infantaria rompendo as barreiras de arame farpado e, em seguida destruir os ninhos de metralhadoras dos inimigos.

O conceito desse veículo blindado foi concluído em novembro de 1914, dando origem ao projeto desenvolvido no ano seguinte. A produção teve início em fevereiro de 1916. Até o final da guerra, em 1918, portanto, foram fabricados quatrocentos Schneider CA1. O veículo blindado continuou em serviço, na Espanha, até 1936.

Os Schneider CA1 foi muito usado em combate nos últimos anos da Primeira Guerra Mundial. Entrou em ação pela primeira vez em 16 de abril de 1917, sofrendo muitas perdas. No entanto, nos engajamentos seguintes, o veículo mostrou-se bem-sucedido. Em 1918, os Schneider tiveram papel de destaque em deter a Ofensiva da Primavera, promovida pelos alemães. Depois da guerra, os veículos sobreviventes foram reformados. Na Espanha, tomaram parte na Guerra do Rife, contra os berberes marroquinos, e também na Guerra Civil Espanhola.

Wikimedia Commons

Wikimedia Commons

Wikimedia Commons

Wikimedia Commons

MARK I

O Mark I foi o primeiro tanque a entrar em combate. Concebido e fabricado na Grã-Bretanha, deveria ultrapassar trincheiras, romper obstáculos de arame farpado e destruir ninhos de metralhadora no front ocidental, durante a Primeira Guerra Mundial. Foi o primeiro veículo a receber a designação "tanque". De acordo com George Forty e Jack Livesey, autores do *The Complete Guide to Tanks and Armoured Fighting Vehicles*, o nome foi escolhido para ocultar o verdadeiro propósito dessas máquinas.

O primeiro tanque teve sucesso em cumprir seus objetivos básicos – cruzar trincheiras, resistir à artilharia leve, superar terreno acidentado, transportar suprimentos e capturar posições fortificadas – teve, porém, diversos problemas devido ao fato de ser justamente o primeiro tanque jamais concebido.

O Mark I entrou em serviço em agosto de 1916, vendo ação em 15 de setembro daquele ano, em combate travado durante a Ofensiva de Somme. O projeto foi desenvolvido e melhorado nas versões Mark II e Mark III. O modelo Mark IV entrou em ação em junho de 1917, sendo usado em massa durante a Batalha de Cambrai, em novembro de 1917, quando 460 desses tanques foram empregados. A versão Mark V, com a transmissão muito melhorada, iniciou serviço em meados de 1918.

Os tanques britânicos eram chamados de "Macho" ou "Fêmea", de acordo com os armamentos instalados nas plataformas laterais. Os veículos equipados com um canhão de 57 mm eram chamados de "macho", uma vez que a arma projetava-se para fora. Já os tanques com metralhadora Vickers eram designados de "fêmea".

> Os tanques permitiram a criação de novas táticas e acabaram sendo, de fato, eficientes para romper a estagnação da guerra de trincheiras. Para tanto, os tanques avançavam em formação compacta apoiados e apoiando a infantaria

WHIPPET

O Medium Mark A Whippet foi um tanque britânico da Primeira Guerra Mundial projetado para apoiar os tanques pesados já produzidos no Reino Unido, os quais eram mais lentos. O Whippet era empregado, por conta da sua mobilidade e velocidade, para aproveitar qualquer ruptura nas linhas inimigas. Os tanques Whippet, mais tarde, foram usados em diversas ações empreendidas pelos britânicos em ações posteriores à guerra.

O primeiro tanque médio Whippet entrou em ação no último ano da Grande Guerra, em março de 1918. Mostrou-se muito eficiente para cobrir as divisões de infantaria em retirada durante a Ofensiva da Primavera, empreendida pelos alemães naquele ano. Depois da guerra, os Whippets também combateram na Guerra Anglo-Irlandesa. Outros foram enviados à Rússia para apoiar o Exército Branco, que combatia os comunistas no país. Alguns foram exportados para o Japão, que os utilizou na invasão da M

MARK B

O Medium Mark B foi desenvolvido na Grã-Bretanha como sucessor do Whippet. No entanto, mostrou ter um desempenho insatisfatório, e sua produção foi cancelada no final da guerra. Os dois maiores problemas apresentados pelo Medium Mark B foram: primeiro o compartimento do motor não podia ser acessado com facilidade a partir do compartimento de combate, onde ficava a tripulação composta pelo comandante, piloto, mecânico e artilheiro.

Wikimedia Commons

ARMAS NAVAIS

O avanço industrial da época da Primeira Guerra Mundial, com melhores técnicas metalúrgicas e equipamentos mais complexos, permitiram a fabricação de navios encouraçados, maiores, mais rápidos e armados com canhões mais pesados. O lançamento do encouraçado HMS Dreadnought da marinha britânica em 1906 revolucionou a engenharia naval e tornou obsoleta grande parte dos navios de guerra existentes. Muitas marinhas passaram a fabricar encouraçados e quando a guerra começou as forças navais, a não ser as da Grã-Bretanha e da Alemanha, eram compostas de navios modernos e de outros mais antigos.

Como a frota alemã ficou encurralada no Mar do Norte, sua estratégia naval foi fortemente baseada no uso de submarinos.

Como aconteceu com muitas armas, também era a primeira vez que se usava submarinos numa guerra. Na época, era um desenvolvimento bem recente. Os alemães usaram seus U-boots (ou U-boats, conforme os britânicos os chamavam), abreviatura de unterseeboot (barco submarino), principalmente para afundar navios com suprimentos destinados à Grã-Bretanha. Cortando a linha de abastecimento à ilha, os germânicos esperavam vencer o conflito.

Em contrapartida, os britânicos desenvolveram sonares e armamentos específicos contra submarinos, reduzindo a ameaça.

Wikimedia Commons

O USS Texas, o único dreadnought que ainda sobrevive

NAVIOS DE GUERRA

PAÍS	ENCOURAÇADOS	CRUZADORES	CANHONEIRAS	TORPEDEIRO	SUBMARINOS	DESTRÓIERES
Aliados						
Rússia	4	2	1	0	14	22
França	4	5	2	8	12	11
Grã-Bretanha	13	25	7	11	54	64
Itália	3	3	1	6	8	8
Estados Unidos	0	3	1	0	1	2
Japão	1	4	0	1	0	2
Poderes Centrais						
Alemanha	1	7	8	55	200	68
Áustria- Hungria	3	2	0	4	7	4
Turquia	1	2	4	5	0	3

Fonte: First World War Encyclopedia - Spartacus Educational

NAVIOS MERCANTES ALIADOS E DE PAÍSES NEUTROS AFUNDADOS	1914	1915	1916	1917	1918
Afundados por submarinos	3	396	964	2.439	1.035
Afundados por fogo de superfície	55	23	32	64	3
Afundados por minas	42	97	161	170	27
Afundados por aviões	0	0	0	3	1

Fonte: First World War Encyclopedia - Spartacus Educational

Wikimedia Commons

HMS Invincible

HMS INVINCIBLE

O HMS Invincible foi um cruzador de batalha da Marinha Real da Grã-Bretanha e principal navio de sua classe de três embarcações. O Invincible foi o primeiro cruzador de batalha a ser construído.

Durante a Primeira Guerra Mundial, o navio tomou parte de três importantes batalhas navais: a de Heligoland Bight (28 de agosto de 1914), a Batalha das Malvinas (8 de dezembro de 1914) e na Batalha da Jutlândia (31 de maio e 1 de junho de 1916.

No primeiro desses combates navais, o Invincible disparou seus canhões contra o cruzador ligeiro Cölm, mas não o afundou. O navio alemão acabou sendo atingido por outro cruzador de batalha britânico que o afundou.

Durante a Batalha das Malvinas, o Invincible e outro navio da sua classe, o Inflexible, afundaram dois cruzadores blindados alemães, o Scharnhorst e Gneisenau. No confronto o Invincible foi atingido diversas vezes pelos cruzadores inimigos, mas não sofreu maiores danos.

Na Batalha de Jutlândia, o maior engajamento naval da Primeira Guerra, travado entre a Grande Frota da Marinha Real e a Marinha Imperial da Alemanha, o Invincible foi a nau capitânia do 3° Esquadrão de Cruzadores de Batalha. No confronto, o Invincible foi atingido diversas vezes pelos disparos de dois cruzadores de batalha inimigos. Um dos tiros, uma ogiva de 305 mm, atingiu sua torre Q, causando a detonação do paiol de meia-nau. O navio afundou em 90 segundos. De acordo com o escritor John Campbell, 1926 tripulantes morreram. Apenas seis membros da tripulação sobreviveram, inclusive o comandante. Os sobreviventes foram resgatados em seguida por um destroier britânico que apoiava o combate.

HMS NEW ZEALAND

O HMS New Zealand foi um dos três cruzadores de batalha da classe Indefatigable. Essa classe representava uma pequena evolução com relação à sua predecessora, a classe Invincible, cujo navio-almirante foi a pique na Batalha da Jutlândia. Como sua predecessora, a classe Indefatigable assemelhava-se aos dreadnoughts contemporâneos da Marinha Real da Grã-Bretanha, porém, sem

HMS New Zealand

Wikimedia Commons

blindagem e com uma torre de canhões a menos para aumentar sua velocidade.

O New Zealand foi dado pelo governo neozelandês à Grã-Bretanha como um presente, entrando em serviço na marinha daquele país em 1912. Com o início da Primeira Guerra, o cruzador de batalha serviu como parte da Grande Frota e participou das três maiores batalhas navais travadas no Mar do Norte: Heligoland Bight Dogger Bank e Jutlândia. Nesses engajamentos o New Zealand ajudou a afundar dois cruzadores inimigos. O navio também foi atingido durante os confrontos, mas o episódio não provocou vítimas. Por conta disso, a tripulação passou a considerar o New Zealand como "Navio Sortudo", pois, durante a batalha em que foi atingido, o comandante da embarcação usava uma saia dos guerreiros maoris neozelandeses e um pingente hei-tiki, considerado um talismã desse povo.

Depois da guerra, o Nova Zelândia passou para a reserva da Marinha em 1920, sendo sucateado dois anos depois.

HMS GLORIOUS

O HMS Glorious foi o segundo cruzador de batalha da classe Corageous da Marinha Real da Grã-Bretanha durante a Primeira Guerra. Os navios dessa classe tinham pouca blindagem e eram armados com apenas alguns canhões pesados. O Glorious foi completado em 1916, sendo comissionado em dezembro daquele ano. Encarregado de patrulhar as águas do Mar do Norte, o cruzador participou da Segunda Batalha de Heligoland Bight, em novembro de 1917.

Depois da Grande Guerra, o Glorious foi reconstruído como porta-aviões no final da década de 1920. Após o navio ser recomissionado como porta-aviões, passou a maior parte do resto de sua vida útil operando no Mar Mediterrâneo.

Com o início da Segunda Guerra Mundial, o Glorious passou os últimos meses de 1939 caçando, sem sucesso, o cruzador pesado alemão Admiral Graf Spee, no Oceano Índico. Em 1940, o navio foi chamado de volta à Europa apoiar operações britânicas na Noruega. Em junho daquele ano, o Glorious estava retirando aviões britânicos da Noruega, quando foi atacado por dois cruzadores de batalha alemães e foi a pique. Mais de 1,2 mil tripulantes perderam suas vidas na ocasião.

Wikimedia Commons
HMS Glorious

> O cruzador de batalha, uma evolução dos cruzadores blindados, foi introduzido pela Marinha Real da Grã-Bretanha no início do século XX, concebidos para perseguir e abater navios de guerra menores

SMS Von der Tann
Wikimedia Commons

SMS VON DER TANN

O SMS Von der Tann foi o primeiro cruzador de batalha da Marinha Imperial Alemã e também o primeiro grande navio de guerra movido com turbina a vapor do país. Na época da sua construção, o Von der Tann era o cruzador do tipo dreadnought mais rápido em serviço, capaz de atingir cerca de 27 nós (50 km/h). O navio foi projetado e construído como uma resposta à classe britânica Invincible de cruzadores de batalha. Embora o projeto alemão tivesse canhões um pouco menores do que os Mark X dos navios britânicos (28 cm vs. 35 cm), o Von der Tann era significativamente mais veloz e com melhor blindagem. De fato, esta embarcação estabeleceu o padrão alemão de cruzadores de batalha com blindagem consideravelmente mais pesada que seus equivalentes britânicos, apesar de contar com canhões menores.

Durante a Primeira Guerra Mundial, o Von der Tann participou de ações de bombardeio contra a costa inglesa. Na Batalha de Jutlândia, o cruzador de batalha alemão destruiu seu contratipo britânico, o HMS Indefatigable logo nos primeiros minutos do combate. Nessa batalha, o Von der Tann foi atingido diversas vezes por ogivas de grande calibre, o que danificou os canhões da sua bateria principal. Contudo, o navio foi reparado e voltou a entrar em ação dois meses depois.

Com o fim da guerra, conforme os termos do armistício, o navio ficou internado junto com as outras embarcações da Frota de Alto-Mar, em Scapa Flow, um braço de mar nas Ilhas Orkney, na Escócia – um dos maiores portos naturais do mundo. Os navios alemães deveriam permanecer internados em Scapa Flow enquanto as negociações

USS Virginia (BB-13)

Wikimedia Commons

de paz decidiam o destino da Frota de Alto-Mar. Em 1919, temendo que os barcos fossem divididos entre os aliados, o comandante alemão, almirante Ludwig von Reuter (1869 – 1943), resolveu afundar toda a frota. Em 1930, os restos do Von der Tann foram recuperados e utilizados como sucata.

SMS DERFFLINGER

O cruzador de batalha da Marinha Imperial Alemã SMS Derfflinger foi construído imediatamente antes do inicio da Primeira Guerra Mundial. O navio era o principal da classe de três embarcações que levava o seu nome. Os cruzadores da classe Derfflinger eram maiores e possuíam avanços significativos com relação a seus predecessores da força naval do kaiser, em termos de armamentos, blindagem e autonomia.

Durante a Grande Guerra, o Derfflinger participou de diversas ações. O navio tomou parte nos bombardeios a cidades costeiras inglesas e também combateu nas Batalhas de Dogger Bank e da Jutlândia. Seu desempenho neste último confronto lhe valeu o apelido de "Cão de Ferro". Com efeito, o Derfflinger foi parcialmente responsável pelo afundamento de dois cruzadores de batalha britânicos na costa da Jutlândia.

Com a derrota da Alemanha, o navio foi internado em Scapa Flow junto com o restante da Frota de Alto-Mar e foi afundado deliberadamente, como as outras embarcações, para evitar que armassem os aliados.

USS VIRGINIA (BB-13)

USS Virginia (BB-13), projetado e construído nos Estados Unidos nos primeiros anos do século XX, foi um couraçado imediatamente anterior aos dreadnoughts que dominaram o conceito de navios de guerra até o final da Primeira Guerra Mundial.

O Virginia foi comissionado pela Marinha dos Estados Unidos em 1906 e imediatamente realizou uma série de exercícios navais para treinamento da tripulação. O couraçado também tomou parte da intervenção americana na Revolução Mexicana de 1913 – 1914. Durante a Primeira Guerra, o Virginia serviu de navio escolta para os comboios destinados à Europa. Com o final do conflito, o couraçado participou da operação de transporte de soldados americanos de volta ao seu país. O navio foi descomissionado em 1920 e serviu de alvo para exercícios navais realizados em 1923.

USS NEVADA (BB-36)

O USS Nevada (BB-36) foi a nau capitânia da classe Nevada de couraçados. O outro barco pertencente a essa classe era o Oklahoma. Lançado em 1914, o Nevada apresentava inovações do dreadnought. O navio trazia desenvolvimentos que estariam presentes em praticamente todos os couraçados americanos subsequentes: torres de canhão triplas, a substituição do carvão por petróleo, turbina a vapor e blindagem do tipo Oll or nothing – um método de blindagem de couraçados que envolve blindagem pesada nas áreas mais importantes da embarcação, enquanto o resto do navio recebe significativamente mesmo blindagem.

Tais características tornaram o nevada o primeiro super-dreadnought da Marinha dos Estados Unidos. O Nevada serviu tanto na Primeira Guerra Mundial como na Segunda. No primeiro conflito, o super-dreadnought ficou baseado na Irlanda para proteger comboios de suprimentos para a Grã-Bretanha. Na Segunda Guerra, o Nevada era um dos couraçados presentes em Pearl Harbor durante o ataque japonês. No evento, o Nevada foi o único couraçado a conseguir deslocar-se durante o bombardeio japonês à base americana. Mesmo assim, o navio foi atingido por um torpedo e por pelo menos seis bombas. Depois de ser reparado, o Nevada serviu de escolta a comboios no Atlântico e garantiu apoio de fogo em quatro importantes ataques anfíbios: na Normandia, Sul da França, Iwo Jima e Okinawa.

Depois da guerra, o Nevada já era considerado demasiadamente antigo para ser conservado e serviu de alvo nas experiências com bomba atômica realizados no Atol de Biquíni, em julho de 1946. Depois de ser atingido pelo vento atômico, o couraçado continuou flutuando, embora estivesse altamente contaminado por radioatividade. Em julho de 1948, o navio serviu de alvo num exercício naval.

HMS IRON DUKE

O HMS Iron Duke foi um couraçado dreadnought da Marinha Real Britânica lançado em outubro de 1912 e comissionado em março de 1914. Seu nome, "Duque de Ferro", em português, foi dado em homenagem ao primeiro duque de Wellington, Arthur Wellesley (1769 – 1852), o estrategista irlandês que, com auxílio do general prussiano Gebhard von Blücher (1742 – 1819), derrotou Napoleão na Batalha de Waterloo.

O Iron Duke serviu como nau capitânia da Grande Frota, a esquadra formada pela Marinha Real Britânica em agosto de 1914 e dissolvida em 1919, dando origem à Frota do Atlântico. Durante a Batalha da Jutlândia, travada entre 31 de maio e 1 de junho de 1916, o Iron Duke infligiu danos significativos ao couraçado alemão SMS König.

Depois da Primeira Guerra, o Iron Duque passou a ser a nau capitânia da Frota do Mediterrâneo. Em meados da década seguinte, o dreadnought foi comissionado à Frota do Atlântico, onde serviu como navio de treinamento. Nos

> O couraçado, ou encouraçado, é um navio de guerra blindado e armado com canhões de longo alcance e grande calibre

HMS Iron Duke

Wikimedia Commons

anos 1930, o Iron Duke, juntamente com os outros três da sua classe foram desmilitarizados, isto é, tiveram sua blindagem e armamentos removidos, e foram convertidos em navios de treino de tiro.

Com o início da Segunda Guerra, o Iron Duke foi ancorado e mantido como embarcação de defesa de enseada. Em outubro de 1939, o dreadnought foi atingido por bombardeiros alemães e preciso ser posto a seco para não afundar. Reformado, continuou a servir como plataforma antiaérea pelo resto da guerra e, no final dos anos 1940, foi vendido como sucata.

USS PAULDING (DD-22)

O USS Paulding (DD-22) era o navio principal da classe de destroieres que levava seu nome na Marinha dos Estados Unidos. Lançado em abril de 1910, o navio foi designado para fazer parte da Frota de Torpedo do Atlântico, operando na costa Leste dos Estados Unidos depois de o país entrar na Primeira Guerra Mundial. Depois, o destroier escoltou comboios até a Irlanda, protegendo-os de ataques de U-boats.

Depois da guerra o Paulding foi descomissionado, em agosto de 1919, passando para a Frota de Reserva até 1930, quando foi emprestado para a Guarda Costeira dos Estados Unidos. Em 1927, o destroier colidiu acidentalmente com um submarino S-4 quando este estava emergindo. Todos os tripulantes do S-4 morreram. Um inquérito absolveu a Guarda Costeira. Em junho de 1934, o Paulding foi retirado do Registro Naval e vendido como sucata.

USS CASSIN (DD-43)

A classe de destroieres Cassin da Marinha dos Estados Unidos durante a Segunda Guerra Mundial era formada por quatro destroieres de segunda geração de mil toneladas de deslocamento. O navio líder da classe, o USS Cassin (DD-43) participou de operações de patrulha no Caribe, escoltando comboios de transportes de tropas americanas à Europa. Em outubro de 1917, o Cassin foi atingido por um torpedo disparado por um submarino alemão U-61. Com o leme destruído e a popa muito danificada, o navio começou a navegar em círculos. Isso, porém, não impediu que o destroier continuasse a disparar contra o submarino sempre que avistava sua torre. A ação ofensiva, impediu o submarino de continuar atacando, submergindo e afastando-se da área. Na manhã seguinte o Cassin foi rebocado por um navio de guerra britânico e passou por reparos. O destroier voltou a realizar missões de escolta a partir de julho de 1918.

Depois da guerra, o navio participou de manobras de Caribe e serviu na Guarda Costeira. Foi descomissionado em junho de 1933 e vendido para sucata em 1934.

USS INDEPENDENCE

O USS Independence foi o primeiro navio de linha a ser comissionado pela Marinha dos Estados Unidos. A embarcação tinha o casco de madeira, três mastros e noventa canhões. Lançado em 1814, em 1836 o navio foi reformado e modificado numa fragata de 54 canhões. A missão inicial do Independence foi proteger a baía de Boston. O navio permaneceu nesse porto até 1836. Recomissionado no ano seguinte, o Independence realizou missões na Europa, chegando à Rússia, onde recebeu uma visita do imperador Nicolau I.

Depois da Europa, o navio de linha veio diretamente ao Rio de Janeiro, onde se tornou o navio almirante da esquadra do Brasil. Depois de retornar a águas americanas, o Independence tomou parte na Guerra Mexicano-Americana, entre 1846 e 1847. Após essa missão, o navio serviu como barco escola até ser descomissionado em 1912. Seu nome foi retirado do Registro Naval em 2013 e foi incendiado em 1915 para recuperar suas partes metálicas.

Wikimedia Commons

USS Cassin (DD-43)

Minas Geraes

Wikimedia Commons

MINAS GERAES

O Minas Geraes, foi um dreadnought da Marinha do Brasil, em operação entre 1910 e 1952. O dreadnought era a classe de navios de guerra predominantes no início do século XX. O primeiro desses navios, projetado e fabricado na Grã-Bretanha e lançado em 1906 causou tanto impacto devido às suas inovações que seu nome deu origem à toda uma classe de navios de combate. Logo os dreadnoughts tornaram-se símbolo de poder nacional.

A aquisição do Minas Geraes em 1907 fez com que o Brasil se tornasse o terceiro país a possuir um dreadnought em construção e iniciou uma corrida armamentícia naval entre o Brasil, a Argentina e o Chile.

Em novembro de 1910, o Minas Geraes foi o ponto focal da Revolta da Chibata, quando marinheiros brasileiros organizaram um movimento contra o uso de chicotes para disciplinar os tripulantes quase sempre negros dos navios de guerra do Brasil.

Quando o Brasil entrou na Primeira Guerra Mundial, em 1917, a Grã-Bretanha declinou a oferta da Marinha do Brasil que ofereceu o Minas Geraes para apoiar a Grande Frota Britânica. De acordo com o Almirantado da Grã-Bretanha, na época o Minas Geraes já estava desatualizado, uma vez que não havia passado por nenhuma atualização ou reforma desde o seu lançamento.

Em 1922, o Minas Geraes foi usado para conter a revolta tenentista, que havia tomado o Forte de Copacabana. Contudo, o navio não participou do bombardeio do forte. Dois anos depois, durante o Levante de 1924, quando oficiais amotinados voltaram a se revoltar, rebeldes capturaram o navio São Paulo e tentaram convencer a tripulação do Minas Geraes e de outras embarcações a unirem-se a eles, mas não tiveram sucesso.

Durante a Segunda Guerra Mundial, o Minas Geraes permaneceu ancorado em Salvador como a principal defesa do porto, uma vez que estava velho demais para tomar parte em missões em alto-mar. Na sua última década em serviço, o Minas Geraes permaneceu quase sempre inativo. Em março de 1954 foi rebocado para a Itália, onde acabou sendo sucateado.

BAHIA

O Bahia foi o navio principal da classe de cruzadores do mesmo nome construída para a Marinha do Brasil pelo estaleiro britânico Armstrong Whitworth, na primeira década do século XX – o outro cruzador dessa classe era o Rio Grande do Sul.

Em novembro de 1910, apenas seis meses depois de ter sido comissionado pela Marinha do Brasil, a tripulação a bordo do Bahia rebelou-se juntamente com outras tripulações, iniciando a Revolta de Chibata. Durante a rebelião de quatro dias, a então capital do Brasil, Rio de Janeiro, ficou refém diante da possibilidade de um bombardeio naval por parte do Bahia e dos outros três navios amotinados – o Marechal Deodoro, o Minas Geraes e o São Paulo. Diante da ameaça, o governo aceitou as exigências dos rebeldes, o que incluía a abolição do flagelo de marinheiros com chicote.

Durante a Primeira Guerra Mundial, os dois cruzadores da classe Bahia foram comissionados para patrulhar as águas costeiras de Serra Leoa e Dakar, escoltando comboios através de uma área infestada por U-boats.

Em meados dos anos 1920, o Bahia recebeu grandes modernizações. Nesse processo, foi convertido para utilizar petróleo como combustível. A modernização também incluiu o rearmamento do cruzador.

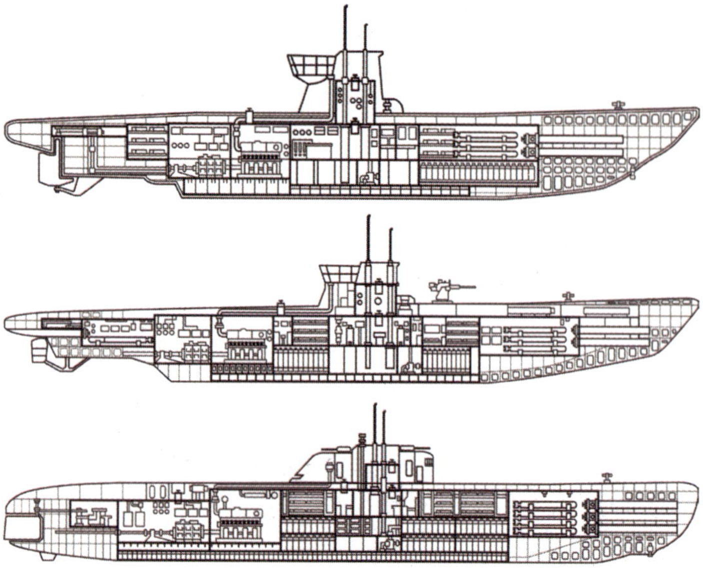

Tshooter / Shutterstock.com

Três tipos diferentes de u-boats alemães usados na Grande Guerra

Na Segunda Guerra, o Bahia serviu novamente como escolta a comboios. Em um ano, a embarcação navegou mais de cem mil milhas náuticas (cerca de 185.200 km). Em julho de 1945, durante um exercício de tiro, um dos artilheiros mirou baixo demais e atingiu uma carga de profundidade armazenada na popa do navio, provocando uma grande explosão que afundou o Bahia em poucos minutos. Apenas uma pequena parte da tripulação sobreviveu à explosão. Desses poucos sobreviventes, apenas alguns poucos estavam vivos quando seus escaleres foram resgatados dias depois.

U-BOAT

Os submarinos foram usados pela primeira vez durante a Primeira Guerra Mundial. Na época, eram um desenvolvimento bem recente. Os alemães usaram seus U-boots (ou U-boats, conforme os britânicos os chamavam), abreviatura de unterseeboot (barco submarino), principalmente para afundar navios com suprimentos destinados à Grã-Bretanha. Cortando a linha de abastecimento à ilha, os germânicos esperavam vencer o conflito.

Com efeito, os U-Boats afundaram centenas de navios mercantes aliados, resultando em milhares de mortes de civis, especialmente quando o alvo era navios de passageiros, e violando a Convenção de Haia (1899 e 1907), uma das primeiras declarações formais de direito internacional sobre crimes de guerra. Devido à dificuldade de identificação, os U-Boats também acabavam afundando navios de países neutros que estavam nas áreas de bloqueio. Isso levou países como o Brasil e os Estados Unidos a entrarem na guerra contra a Alemanha. A campanha alemã pode ser considerada bem sucedida, uma vez que acabou destruindo metade da frota mercante britânica.

Em contrapartida, os britânicos desenvolveram sonares e armamentos específicos contra submarinos, reduzindo a ameaça.

R-19 (SS96) POSTERIORMENTE HMS P.514

O R-19 (SS96), posteriormente HMS P.514, foi um submarino de defesa costeira e de enseadas da classe R da Marinha dos Estados Unidos lançado em 1918. Comissionado em outubro de 1918, o submarino não realizou operações na Europa durante a Primeira Guerra Mundial, permanecendo n costa Leste dos Estados Unidos.

Durante a década de 1920, o R-19 foi designado para servir na base naval americana de Pearl Harbor. Em 1931, o submarino foi descomissionado e colocado na reserva.

Em março de 1942, o submarino foi emprestado à Marinha Real Britânica onde foi rebatizado como HMS P.514. Em junho daquele ano, quando o submarino rumava para a costa Leste do Canadá, o P.514 encontrou um draga-minas da Marinha Real Canadense, o HMCS Georgian. Sem o conhecimento da presença de submarinos aliados na área e sem receber resposta aos seus chamados, o Georgian abalroou o submarino, afundando-o imediatamente. Todos os tripulantes do P.514 pereceram no episódio.

Wikimedia Commons

ANIMAIS

Embora tenha sido um conflito essencialmente industrial, onde os mais eficientes armamentos modernos como tanques, aviões, metralhadoras, submarinos, armas químicas, foram usadas pela primeira vez, os exércitos ainda lançaram mão do uso de animais para auxiliar nas operações militares.

Cavalos e pombos eram ainda muito utilizados. Embora motores eficientes já existissem, bem como veículos motorizados, cavalos foram largamente usados como animais de carga e de tração. Para contornar problemas de comunicação resultantes da destruição das linhas telefônicas e de telégrafo, pombos e cães também eram usados para enviar mensagens das frentes de combate à retaguarda. Até mesmo vermes fosforescentes eram empregados pelos militares para lerem mapas à noite sem serem detectados pelo inimigo.

Muitos desses animais combatentes se destacaram ao proteger soldados e salvar vidas. Alguns deles foram até mesmo condecorados e ficaram famosos no seu tempo. Um deles foi até mesmo recebido por presidentes – o sargento Stubby.

STUBBY

A participação do bull-terrier Stubby na guerra foi, na verdade, por acaso. O cão perambulava pelo campo de treinamento onde o soldado John Robert Conroy era preparado para a ação. No momento do embarque, Conroy levou Stubby com ele, escondido, para embarcar no SS Minnesota que levou o soldado e seu animal de estimação para a França.

Conroy foi combater nas trincheiras. Ele e Stubby viram ação pela primeira vez em fevereiro de 1918, na Batalha de Chemin des Dames. Logo o cão de Conroy ficaria famoso entre os soldados.

Ferido duas vezes, uma por estilhaço de bombas e outra por gás venenoso, Stubby participou de dezessete batalhas. Sua audição apurada permitia que ele percebesse as ogivas que haviam sido disparadas contra a trincheira antes de seus companhei-

Stubby

Wikimedia Commons

ros humanos. Mais que isso: quando Stubby ouvia uma bomba caindo, ele corria pela trincheira latindo para avisar os soldados. Alguns combatentes afirmaram que ele era até mesmo capaz de distinguir o som de disparos comuns da artilharia daqueles das ogivas de gás.

Acostumado com a entonação da língua inglesa, Stubby também era capaz de localizar soldados americanos feridos. Ele corria pela "Terra de Ninguém", o espaço vazio entre as trincheiras, quando ouvia alguém pedindo ajuda em inglês e permanecia ao seu lado latindo até a chegada dos médicos.

Em seu artigo *Animal Heroes of the Great War*, Philip Devlin conta que uma vez Stubby acuou um soldado alemão que estava mapeando as trincheiras americanas. Stubby avançou e mordeu o alemão, fazendo-o tropeçar e cair, sendo capturado por soldados americanos. Por conta desse ato heroico, Stubby foi promovido a sargento – o primeiro animal a ocupar um posto militar no exército dos Estados Unidos.

CHER AMI

Cher Ami foi um dos milhares de pombos-correios usados na Primeira Guerra para enviar mensagens quando as linhas telefônicas e telegráficas estavam danificadas – o que era uma constante. Bilhetes sucintos contendo localizações e ordens eram colocados em pequenos cilindros amarrados nas patas dos pombos. A ave era libertada e rumava para seu ninho – o centro de operações militares mais próximo – levando a importante mensagem. É claro que os pobres animais eram bastante visados pelos soldados inimigos, que os abatiam para evitar que a informação fosse recebida.

Cher Ami, em exposição no Instituto Smithsonian

Wikimedia Commons

Cher Ami fazia parte da Unidade de Sinalização da 77ª Divisão liderada pelo major Charles Whittlesey. Em setembro de 1918, o batalhão de Whittlesey foi cortado da força principal e ficou cercado pelos alemães durante cinco dias. Por causa desse incidente, a tropa ficou conhecida como o Batalhão Perdido.

Os soldados tentaram escapar, mas metade dos homens do major foi morta. Precisando de reforços, Whittlesey começou a soltar os pombos com mensagens informando sua posição e pedindo socorro. Ele tinha apenas três aves. Os dois primeiros pombos foram mortos imediatamente depois de soltos. A esperança do Batalhão Perdido estava nas asas de Cher Ami, o terceiro e último pássaro.

O pombo ganhou altura e voou em círculos para reconhecer a direção a tomar e rumou para a base. Cher Ami foi atingido diversas vezes, porém, continuou a voar, chegando ao seu destino a quarenta quilômetros dali em sessenta e cinco minutos. Estava parcialmente cego, tinha sido atingido no peito e com uma perna pendurada apenas por um tendão, mas a mensagem foi recebida a tempo, reforços foram enviados e o Batalhão Perdido foi salvo.

O pássaro foi atendido, recebendo todo o cuidado. Quando, parcialmente recuperado e com uma perna de madeira feita especialmente para ele, Cher Ami foi mandado de volta aos Estados Unidos escoltado até o barco pelo próprio general John Pershing, o comandante das Forças Expedicionárias Americanas na Primeira Guerra.

Cher Ami morreu em 13 de junho de 1919 por ter ficado fraco demais devido aos ferimentos recebidos em sua gloriosa missão. Como Stubby, o corpo de Cher Ami foi empalhado e está exposto ao lado do cão no museu Smithsonian.